Sabina Brüniger

Vom Aufgang der Sonne bis zum Untergang

© 2008 Sabina Brüniger

2. Auflage 2011

Herstellung und Verlag: Books on Demand GmbH, Norderstedt

Titelbild: Mitternachtssonne in Norwegen (Foto: Sabina Brüniger 2005)

Fotos, Gestaltung, Satz: Peter Reichert, CH-8967 Widen, www.prgrafik.ch

ISBN 978-3-8423-7709-7

Sabina Brüniger

Vom Aufgang der Sonne

bis zum Untergang

Inhaltsverzeichnis

Vorwort

Glück und Unglück –
Beides trag in Ruh.
Alles geht vorüber,
Und auch du.
  (Inschrift an einem alten Haus in Davos Dorf)

Galgenhumor hat mir über die persönlichen Ereignisse dieses Jahres hinweggeholfen – deshalb soll er auch das erste Wort haben in diesem Büchlein.

Unmittelbar nach meiner Krebsdiagnose im Februar 2008 habe ich gespürt, dass es mir gut tut, ein lockeres Tagebuch zu führen. Primär ging es mir darum, die schon bald unübersehbare Fülle von medizinischen Daten zu fixieren: Was wurde wann, von wem, wie und weshalb gemacht? Das mag die Leserschaft mitunter langweilen; vielleicht können meine Notizen aber auch für die eine oder den andern als Informationsquelle dienen (dabei ist selbstverständlich zu bedenken, dass nicht zwei Krankheitsfälle identisch sind).

Im Verlaufe des Schreibens ist mir bewusst geworden, dass ich durch das Formulieren zu innerer Klarheit gelange, die mich befreit von einem unfruchtbaren Kreisen um die stets gleichen Ängste und Bedenken. Schreibend habe ich mich innerlich schadlos gehalten. Mit einer auch für mich selber erstaunlichen mentalen Stärke ist es mir gelungen, die Phase seit der Diagnose als eine gute Zeit anzunehmen – eine Zeit, die genauso zu mir gehört, wie an sich erfreulichere Ereignisse in meinem Leben. Es tönt gewagt, aber ich stehe dazu: Die vergangenen Monate möchte ich nicht missen. Ich hatte keinen wirklich schlechten Tag seit jenem Aschermittwoch, keinen einzigen. Zuweilen bin ich von einer Fröhlichkeit erfüllt, die mich selber ansteckt! Dies sage ich nicht etwa hochmütig von mir aus, sondern voller Dankbarkeit für dieses so kostbare Geschenk der Gelassenheit, auf das ich auch in Zukunft angewiesen sein werde.

Woher diese Gelassenheit wohl kommt? Zu einem Teil habe ich sie sicher meinen Eltern zu verdanken, die mit einem gesunden Sinn für das Realistische und Machbare durchs Leben gehen. Darüber hinaus bin ich davon überzeugt, dass uns in Krisensituationen alle spirituellen Reserven zugute kommen, die wir uns ,in guten Zeiten' angelegt haben. Und schliesslich glaube ich an die Kraft der guten Gedanken so vieler lieber Mitmenschen. Die Intensität des Mitgefühls von Seiten meiner Nächsten, aber auch von Seiten weniger nahe stehender Menschen ist eine besonders wertvolle Erfahrung dieses Jahres.

Wenn ich dieses Büchlein nun aus der Hand gebe, so soll es in erster Linie Mut machen: Es gibt Unverfügbares, das wir nicht ändern können – aber immer verfügen wir über unsere *Einstellung* dem Unabänderlichen gegenüber. Das haben schon die Stoiker gelehrt, und es hat sich in meiner Situation prima bewährt!

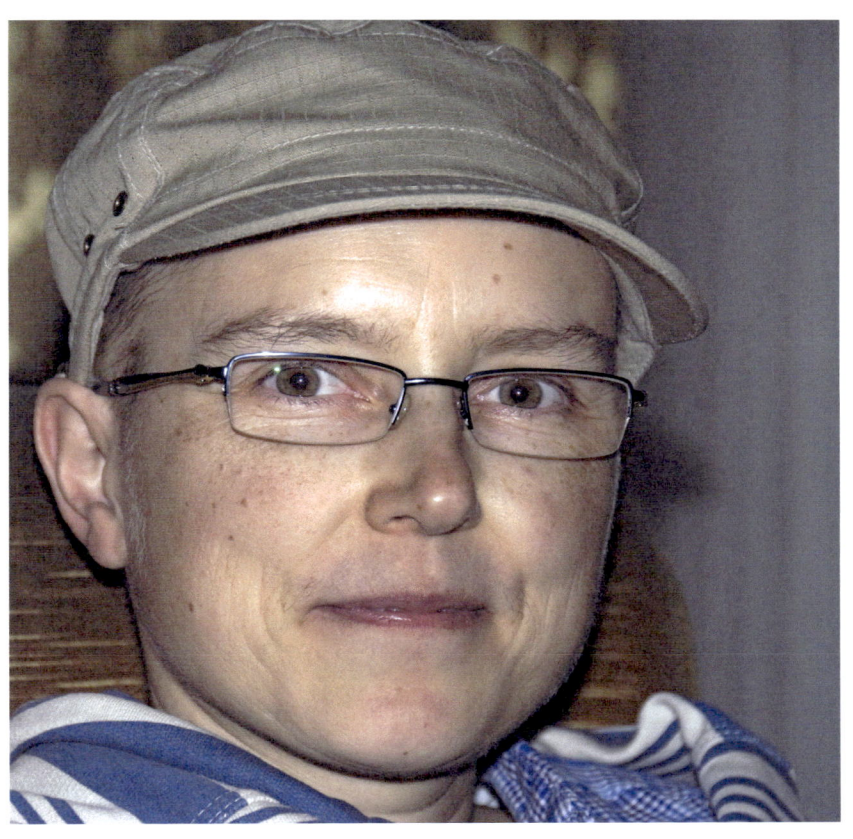

Episode oder Epilog?

So überschreibe ich heute (Freitag, 08.02.08) das Kapitel, in dem ich momentan – als Hauptperson – drin stehe. In der Tat ist völlig offen, wie der Befund von vorgestern gedeutet werden muss. Doch noch einmal der Reihe nach:

Am letzten Dienstagmorgen (05.02.08) hatte ich mir ein Herz gefasst und um 8 Uhr morgens in der Praxis meines Hausarztes telefonisch um einen Termin gebeten. Der Grund: In letzter Zeit hatte ich auffällig oft Bauchschmerzen. Mein Bauch fühlte sich meist an, als würde er nächstens platzen. Zudem hatte ich im Januar – während einer Denkpause in Rückenlage – verblüfft bemerkt, dass sich meine linke Bauchhälfte im Unterschied zur rechten hart anfühlte, fast so, als ob eine Strumpfkugel unter der Bauchdecke liegen würde. Einige Male war ich nachts erwacht, weil diese Region derart heftig pochte, dass ich den Eindruck hatte, mein Herz sei nach unten gerutscht. Ich konnte nicht mehr auf dem Bauch liegen (meine präferierte Schlafstellung); ferner spürte ich beim Bücken einen Widerstand, und musste ich auf den Zug rennen, hatte ich die Vorstellung, etwas in meiner Bauchgegend hopse auf und ab. Seltsam fand ich auch das Gefühl, wenn ich mich auf den Rücken legte: In meiner Körpermitte pendelte sich dann etwas ein – gleich der Libelle einer Wasserwaage.

Dr. Ebnöther, sonst ein trockener Typ ohne grosse Empathie, geriet regelrecht in Aufregung, als er um 10:10 meinen Bauch betastete. *„Der ist ja völlig balloniert. Da wächst Ihnen etwas Hartes aus dem Darm heraus, sicher 15–20 cm lang."* Sofort veranlasste er, dass ich – sobald ein Termin frei würde – in Baden per Ultraschall untersucht würde. Gott sei

Dank sagte ein Patient in Baden ab (den ganzen Dienstagnachmittag hatte ich ständig in Stossseufzern darum gebeten …), so dass ich am nächsten Tag (Mittwoch, 06.02.08) um 13:45 bereits an der Reihe war. Es war dies der Aschermittwoch – Fast- und Abstinenztag. Dieses Fasten bekam für mich eine zusätzliche drastische Dimension: Ich durfte einen (!) Zwieback zum Frühstück geniessen, danach nichts mehr (ausser Tee). Kreislaufmässig etwas wackelig beorgelte ich am Morgen den Aschermittwochs-Gottesdienst in Killwangen, den 14 Gläubige besuchten. Zur Austeilung der Asche musste ich Hintergrundmusik beisteuern; als ich nach dem Schlussakkord der Meditation von *Flor Peeters* sah, dass nur noch zwei Personen vorne anstanden, raste ich von der Empore nach unten und empfing mit klopfendem Herzen die Asche und den Sinnspruch *„Bedenke, o Mensch, dass du Staub bist und zum Staube zurückkehren wirst“.*

Der Spezialarzt für Innere Medizin, *Dr. Meier,* fuhr mit dem *Ultraschall* zunächst auf meine ‚Corpus delicti‘-Stelle und sagte mit bedenklicher Miene: *„Da ist etwas, das definitiv nicht hierher gehört.“* Tapfer antwortete ich, dann sei wohl etwas verrutscht … Daraufhin checkte er alle Organe der Reihe nach – alles schien in Ordnung zu sein (auch die Leber: *„Wunderschön!“*). Die harte Stelle entpuppte sich als Klumpen, ca. 11 cm dick. Zwei- oder dreimal sprach *Dr. Meier: „Ich bin kein Anfänger – 30 Jahre Erfahrung –, aber so etwas habe ich noch nicht gesehen; ich kann Ihnen nicht sagen, vorher dieses Geschwür kommt. Jedenfalls gefällt es mir gar nicht.“* Diese Ratlosigkeit und die Masse des Klumpens beunruhigten ihn so sehr, dass er spontan ein *CT* beantragte (*Computertomogramm* – so heisst das Bild; *Computertomograph* nennt man das über eine Million Franken teure Gerät). Ich und mein treuer Begleiter *Peter* wurden durch unterirdische Gänge geführt. Innert 10 Minuten musste ich ein im Entferntesten an Lakritze erinnerndes Getränk – eine Kontrastflüssigkeit – zu mir nehmen. Dann bat man mich in den ‚allerheiligsten Bezirk'. Vor dem *CT* verpasste man mir einen Einlauf (Kontrastflüssigkeit für den Darm – damit erkennbar würde, ob sich der Darm um das Geschwür schlingt). Darauf wurde ich, wie ein Brotteig in den Ofen, in die Röhre geschoben. Ich schloss die Augen, damit kein Gefühl der Enge aufkommen würde. Eine elektronische Stimme (es könnte diejenige von *Dr. Meier* gewesen sein) sprach mehrmals: *„Einatmen. – Ausatmen. – Und jetzt nicht mehr atmen."* Nach einiger Zeit liess man mir eine Jod-Infusion einlaufen (ferngesteuert ausgelöst, wenn ich mich nicht irre); so sollten die Blutbahnen auf dem Bild sichtbar werden. Die Assistentin warnte mich vor einem Hitzegefühl im Bauch und einem Metallgeschmack im Mund; von beidem merkte ich nichts. Während die Bilder entwickelt wurden, machte *Dr. Meier* eine *Punktion*, d. h. er stach mit einer dünnen Nadel mitten in den Klumpen und entsaugte ihm ein wenig Gewebe. Das Wort ‚Punktion' hatte mir solche Angst gemacht – dabei tat das Anzapfen fast gar nicht weh. Ein wenig stolz stellte ich fest, dass ich während allen Untersuchungen nie flach geatmet hatte oder in Panik geraten war. Anschliessend nahm sich *Dr. Meier* Zeit für die Auswertung der Bilder (*„Wollen Sie Ihren Partner holen?"*); etwas wesentlich Neues liess sich leider nicht ableiten. Immerhin konnte mir der Arzt versichern, dass der Tumor nichts zu tun habe mit meiner erblichen Vorbelastung (der Darmkrebs meiner Mutter, im Oktober 2001 diagnostiziert); ich hatte da offenbar etwas sehr Eigenständiges entwickelt … Der Klumpen sass auf den Aufnahmen breit und frech an seinem Platz, der ihm doch gar nicht zukam – wie wenn ich ein zusätzliches Organ hätte.

Als *Peter* im Nachhinein meinte, der Tumor habe ihn für einen Moment lang angeblickt, als hätte er ein Gesicht, gab ich ihm kurzerhand den Namen *Wilson* (in Anlehnung an den gleichnamigen Fussball, mit dem sich mein Lieblingsschauspieler *Tom Hanks* im Film *Verschollen* auf der einsamen Insel unterhalten hatte …).

Dass operiert werden muss, stand für *Dr. Meier* fest – doch vorher wollte er (nach einigem Zögern) noch eine *Darmspiegelung* vornehmen (*„Ich weiss doch, was für Gelüste die Chirurgen haben!"*). Weil die Resultate der Punktion abgewartet werden mussten, kam diese Woche nicht mehr in Frage. *Dr. Meier* drängte auf den Montag; als die Sekretärin ihn zweimal etwas ungeduldig darauf aufmerksam machte, dass die Räume am Montag und Dienstag aber nicht zur Verfügung stünden, meinte er kurz und entschlossen: *„Dann zügeln wir eben alles in den anderen Trakt."* Obwohl mir vor diesem Untersuch – sowohl vor den Schmerzen als auch vor dem Resultat – graute, hätte ich den Mann umarmen können. *Wilson* wächst; ich möchte ihn loswerden.

Aus dem Institut entlassen, hatte ich grosse Lust auf etwas Süsses. Im teuersten Kaffeehaus von Baden, dem *Himmel*, genossen wir ein Apfelküchlein mit Vanille-Sauce – herrlich (dazu Lindenblütentee …). Doch mein vorher nüchterner Magen begann zu rebellieren, so dass ich zügig die Toilette aufsuchen musste. Diese war besetzt – und heraus kam: Meine Cousine *C*.! Seit Jahren nicht gesehen, aber just an diesem vermaledeiten Tag … Ihre Mutter sei auch da – meine Tante *T*. – ui, das werde sicher lustig. Wieder an meinem Platz, konnte ich *Peter* gerade noch zuraunen *„Nichts erzählen!"*, bevor sich uns die lieben Verwandten näherten. Und so sprachen wir über Gesundheit, Krankheit, den plötzlichen Krebstod einer mir völlig unbekannten

Frau, ja, wie das Leben halt so spiele; zwar musste ich einige Male leer schlucken, konnte die medizinische Horrorentdeckung dieses Nachmittags aber erfolgreich verschweigen (ich musste erst einmal selber damit klarkommen, bevor ich sie nach aussen trug). Meine Mutter hatte mir schon immer schauspielerisches Talent attestiert …

Weil sich der Magen nicht beruhigen wollte, nahmen wir in der *Spettacolo*-Bar noch einen *Cynar* zu uns; nachher war tatsächlich Ruhe in den Eingeweiden. Diese hatte ich auch nötig, musste ich doch direkt nach Neuenhof fahren, um auch dort noch den Aschermittwochs-Gottesdienst zu beorgeln. Es ging mir psychisch erstaunlich gut, und ich spielte sehr schön.

Für Donnerstag war prächtiges Wetter gemeldet; ich wollte diesen Tag unbedingt geniessen. *Peter* fand das eine gute Idee und meinte anerkennend, dass ich ganz nach *Luthers* Motto verfahren würde: *„Und wenn ich wüsste, dass morgen die Welt untergeht, würde ich heute noch ein Apfelbäumchen pflanzen."* Ich habe immer nach dieser Devise gelebt – und bin gut damit gefahren. Überhaupt realisierte ich, dass ich nun zehren konnte von meinen spirituellen ‚Reserven'.

So fuhren wir Richtung Braunwald. Unterwegs musste ich die Resultate der Blutuntersuchung bei meinem Hausarzt telefonisch erfragen (es war so abgemacht). Die unbeholfene Arztgehilfin fasste das Ergebnis zusammen mit den Worten: *„Ja, das Resultat ist* nicht so optimal – *mehr kann ich Ihnen nicht sagen."* Mit einem Kloss im Hals bedankte ich mich für die Auskunft und rapportierte *Peter* das Fazit verstört und konsterniert. Mein Liebster regte sich ob dieser Antwort auf: Was denn das heissen solle und überhaupt – ich solle noch einmal anrufen und eine „anständige" Antwort verlangen. Nach kurzem Zögern tat ich das denn auch; schliesslich hatte ich Anrecht auf eine eindeutige Auskunft. Offenbar hatte das junge Ding im Nachhinein gemerkt, dass man so nicht mit Patienten umgehen darf; sie entschuldigte sich und gab mir „den Herrn Doktor" ans Telefon. Dieser präzisierte, dass der Eisenwert *nicht optimal* sei (in Erinnerung habe ich den Wert 5,6 statt 9,5). Vom Blut her sei alles in Ordnung, nichts Entzündliches, und auch das Eisendepot selber sei in Ordnung; allerdings werde eine Eisenkur nötig sein. Ableiten lasse sich aus diesem Befund noch nichts; man müsse die Auswertung der Punktion abwarten. Mit dieser Auskunft konnte ich wesentlich mehr anfangen; medizinisch unbelastet malte ich mir aus, wie *Wilson* das Eisen an sich bindet und meinem Blute vorenthält. Jedenfalls verbrachten wir einen relativ frohgemuten Tag in Braunwald – abgesehen vom katastrophalen ‚Winterwanderweg', der gar nicht präpariert war, so dass wir zum Teil hüfttief in den Schnee einsanken. *Peter* fluchte; ich nahm es gelassener und dachte bei mir, das sei wohl ein Bild für das Kommende – dass wir in nächster Zeit nämlich noch einige Male einsinken würden …

Sogenannter Winterwanderweg in Braunwald

In der Nacht vom Donnerstag auf den Freitag lag ich erstmals wach, nachdem ich vorher – erstaunlicherweise – immer durchgeschlafen hatte. Der Rumpf und vor allem der Rücken schmerzten; es war nicht auszumachen, ob das psychische Ursachen hatte oder ob *Wilson* in seiner Korpulenz auf Nervenbahnen drückte. Um 2:30 packte ich die ‚Kotztüte' aus, in welche die Sekretärin alle Utensilien für die Vorbereitung auf die Darmspiegelung eingepackt hatte und studierte die Gebrauchsanweisung (ab wann nur noch flüssig, ab wann nur noch Tee und so weiter und so fort). Beruhigt stellte ich fest, dass mir nach diesem Fahrplan am Sonntagmorgen noch nicht schlecht sein und ich den reformierten Doppeldienst also problemlos bewältigen können sollte; erst am Abend würde das ‚Scheiss-Festival' beginnen.

Das ständige Schwanken zwischen Pro (ein *„gutmütiger"* Tumor, wie meine Mutter sagen würde) und Contra (the worst case – *„Nach kurzer, schwerer Krankheit hat es Gott, dem Allmächtigen, gefallen …"*) hatte etwas Zermürbendes. War es denn möglich, dass ich mein Doppelleben (Musik und Theologie) derart erfolgreich meisterte, während ich doch moribund war – dem Tode geweiht? Konnte es sein, dass trotz meines beinahe permanenten Hochgefühls (ob meines erfüllten Lebens) etwas Böses in mir heranwuchs? Es ging mir so vieles durch den Kopf, dass ich in der Nacht beschloss, am nächsten Morgen alles auf Zettelchen zu notieren, um mich innerlich zu entlasten.

Das habe ich denn auch heute morgen getan (Freitag, 08.02.08). Unter ‚*Informiert sind'*, ‚*Erledigen'* und ‚*Spital'* habe ich schriftlich deponiert, was mir wichtig scheint. Jetzt heisst es einfach: Warten. Der Montag wird Klarheit bringen – oder Trübheit, je nach dem.

Ein Schwert in die Brust rammt mir die reformierte Pfarrerin am Sonntag: Als ich ihr von *Wilson* erzähle, erwidert sie, ihre Mutter habe vor

Jahren auch einen Tumor in dieser Grösse gehabt – wäre er bösartig gewesen, hätte sie keine Chance gehabt. Tolle Seelsorge, danke …

Die ‚After-Show-Party‘ verdient, ebenfalls beschrieben zu werden. Am Sonntag (10.02.08) ging das Prozedere los: Um 17 Uhr musste ich eine Tablette gegen Erbrechen einnehmen – eine Viertelstunde später war mir auch klar, weshalb … Die Meersalzlösung, von der ich ein Glas trinken sollte, war derart widerlich, dass ich mir eine Taktik zurechtlegen musste. Ich wartete stets bis kurz vor dem Einsetzen meiner natürlichen Schluckbewegung und nutzte dann den Schluckreflex, um damit wieder einige Milliliter runterzutransportieren.

Um 18 Uhr hatte ich Order, innerhalb einer halben Stunde einen ganzen Liter einer angerührten (abführenden) Flüssigkeit zu trinken. Ich würgte 50 Minuten daran, weil ich eine Art Schluckstau hatte. Und dann ging es los, das lustige Scheissen! Innerhalb der ersten Stunde 18-mal und in den folgenden Stunden noch 23-mal. Konditionsmässig habe ich das Ganze gut durchgestanden, aber der After brannte so sehr, dass es mir das Augenwasser herausdrückte (Tipp: *Bepanthen Plus*!). Heute morgen (Montag, 11.02.08) noch einmal: Brechtablette – Meersalzlösung. Ich frage mich allmählich, wie ich ‚trocken‘ nach Baden kommen soll; jeder Tee durchläuft den Darm mittlerweile ziemlich zielstrebig. Und doch wurde ich angehalten, viel Tee mit reichlich Zucker zu trinken (wegen des Kreislaufs).

Das Ganze hat allerdings auch etwas Gutes: Durch die Entschlackung ist der immense Druck auf meinen Bauch gewichen, und ich erinnere mich plötzlich, wie weich und entspannt sich mein Bauch einmal angefühlt hat. Diesen Normalzustand hatte ich völlig vergessen und mich an eine extreme Dauerblähung gewöhnt. Leider ist *Wilson* –

trotz der Darmentleerung – immer noch da; ich hatte mir insgeheim gewünscht, er würde erschlaffen wie ein leergefressenes Vogelfuttersäcklein, das blöde am Ast hängt. Jetzt hoffe ich einfach, dass der Transport nach Baden gut verläuft und mein arg gebeutelter Kreislauf weiterhin so stabil mitspielt.

Heute Dienstag (12.02.08) ist wieder ein wunderbar sonniger Tag; vor meinem Fenster turnt ein Rotkehlchen vergnügt herum.
Gestern Abend hat sich *Wilson* endlich zu erkennen gegeben: *Bösartiger lymphatischer Tumor*. Ich habe es tapfer geschluckt. Zunächst war ich einfach dankbar dafür, dass ich die *Darmspiegelung* schmerzfrei überstanden hatte und auch die anschliessende *Punktion* mit einer dickeren Nadel (Tipp für den Kreislauf: Nach der Darmspiegelung etwas Schokolade und zuckerhaltiges *Coke*!). Erleichtert hat mich auch die überraschende Kehrtwende, dass man nicht operieren wird; *Dr. Streit* – die Onkologin mit dem ausgeprägten Baslerdialekt – wird dem Tumor direkt mit einer Chemotherapie zu Leibe rücken. Allerdings friert mich bei dem Gedanken, was das wohl für eine Chemo-Keule sein wird, die ein mehr als faustgrosses Geschwür vernichten soll. Das Einsinken im Schnee wird sich wiederholen …

Also weder *Episode* noch *Epilog*. Zwar graut mir vor den nächsten schwierigen Monaten. Ich habe Angst vor den Nebenwirkungen und dem Damoklesschwert, das fortan über mir schweben wird, der Studienunterbruch betrübt mich, die völlig neue Perspektive verwirrt mich und nimmt mir zeitweise den Atem – aber: Ich bin auch zutiefst dankbar, dass ich eine Chance habe. *Dr. Meier* hat zweimal (mit seinem ihm eigenen traurigen Blick) gesagt: *„Das wird gut, Sie haben gute*

Chancen, der Tumor ist gut behandelbar." An diesem vielen Guten halte ich mich fest. Es macht mir Mut, wie gelassen und stark ich diese schwierige Woche überstanden habe – ich habe mich von einer neuen Seite kennengelernt. Und so nehme ich mir vor, den Humor nicht zu verlieren, was auch kommen mag.

Inzwischen sind wieder ein paar Tage vergangen; das Warten auf einen Termin bei der Onkologin ist quälend. Mein Leben mit *Wilson* gestaltet sich zunehmend schwieriger: Sitze ich, drückt er auf Nervenbahnen des Rückens, liege ich, habe ich Magenschmerzen. Ich musste neue Schuhe – mit Klettverschluss – kaufen, da ich den linken Schuh kaum mehr selber binden kann. Für Momente vergesse ich meinen Befund; umso brutaler, wenn er mir durch eine unbedachte Bewegung wieder bewusst wird. Der Gedanke, dass nächste Woche mein 6. Semester beginnen würde, würgt mich. Und doch bin ich froh, dass es bis jetzt nicht zu noch schlimmeren Komplikationen gekommen ist.

Die Denkstruktur hat sich in mancherlei Hinsicht verändert: Tat mir ‚vor der Zeitenwende' etwas weh, dachte ich: Wenn es nur nichts Schlimmes ist. Habe ich jetzt Schmerzen, denke ich nun jeweils schulterzuckend: Es liegt halt an *Wilson*. Umgekehrt hatte ich vorher jeweils die Zuversicht, dass ein Schmerz wieder abklingen wird, während ich mir nun die bange Frage stelle, ob das der Anfang einer noch übleren Entwicklung sei. Gestern hatte ich nicht einmal mehr Lust auf ein ‚Feierabend-Bierchen' – da läuten tatsächlich sämtliche Alarmglocken!

Schmerz, lass' nach …

Was für eine turbulente Woche! Am Montag (18.02.08) kann ich die Prüfung in *Religionspädagogik* nachholen, die ich am 12.02.08 gehabt hätte (und wegen der Darmspiegelung am Abend zuvor hatte verschieben müssen). Das Entgegenkommen der Professorin hat mich enorm gefreut, und mein Geist hatte gejubelt, als er übers Wochenende endlich etwas Vernünftiges zur Bearbeitung bekommen hat – statt ständig im Kreis zu denken. Die Note (5,75) erfüllt mich mit Genugtuung; meine Willens- und Konzentrationskräfte habe ich trotz der Krankheit mobilisieren können. Übrigens habe ich nicht die Höchstnote erhalten, weil ich es – so die Professorin – etwas an *„Erzählfreudigkeit"* hatte mangeln lassen. Die hat gut reden …

Am Dienstag (19.02.08) dann endlich der erste Termin bei der Onkologin, *Dr. Antoinette Irène Streit*. Zuerst wird viel Blut abgezapft, dann eine ausführliche *Anamnese* durchgeführt und schliesslich eine ebenso ausführliche Betastung am ganzen Körper, um allfällige Lymphknotenveränderungen auszumachen. Sehr speziell ist folgender Test: *Dr. Streit* würgt mich mit beiden Händen, während ich Wasser trinken muss (blöderweise habe ich auch noch einen Kaugummi im Mund). Belustigt hat mich nachfolgender Dialog: *Dr. Streit*: *„Trinken Sie Alkohol?"* Ich (ehrlich, wie ich bin): *„Ja, ziemlich viel Bier."* *Dr. Streit*: *„Was heisst viel?"* Ich: *„Ja, vielleicht drei pro Tag."* *Dr. Streit* (leicht angewidert): *„Drei* Deziliter?!"*

Am Abend vergeht mir der Humor kurzzeitig, als ich das Urlaubsgesuch und die Bitte um Rückerstattung der Semestergebühr der Universität Luzern an die Hand nehme; meine eigene Formulierung *„und* *werde frühestens im Herbst wieder auf den Beinen sein"* scheint mir unerträglich grausam.

Für den Mittwoch (20.02.08) ist abgemacht, dass ich nur bis 10 Uhr morgens essen darf, weil ich um 13 Uhr für ein *Computertomogramm* (von den Lungen an aufwärts) angemeldet bin. Schlau nasche ich um 9:45 noch ein Stück Gugelhupf und Punkt 10 Uhr eine Banane – man weiss ja nie, für wie lange das ausreichen soll. Doch es kommt ganz anders …

Um 10:28 ruft mich *Dr. Streit* daheim auf mein Handy an: Ich müsse sofort los, nach Wettingen an die Rosengartenstrasse 2 zu *Dr. Geyer*, für eine *Magenspiegelung* – man müsse vorwärts machen. Stotternd beichte ich, dass ich aber alles andere als nüchtern sei; das mache nichts, ich solle mich jetzt auf den Weg machen. So habe ich zwei Minuten Zeit, um die Zähne zu putzen und geistesgegenwärtig einen Stadtplan von Wettingen zu raffen – und los, auf den 10:42-Zug. Unterwegs ruft mich *Dr. Streit* noch einmal an, mit Hinweisen zur Auffindung der Praxis. In Baden nehme ich ein Taxi (17 Fr.) und bin so nach weniger als einer Stunde bereits in der Praxis.

Von der *Magenspiegelung* selber habe ich rein gar nichts gemerkt, ich schlief tief währenddessen. Als unangenehm habe ich nur empfunden, als mein Rachen vorgängig unempfindlich gemacht (Schluckpanik!) und mir von einer *Obelix*-förmigen Arztgehilfin eine Kunststoff-Beissschiene umgeschnallt worden ist; ich habe – so mein letzter klarer Gedanke vor dem Wegdämmern – eine krasse Diskrepanz ausgemacht zwischen der High-Tech-Anlage der eigentlichen Spiegelung und der viehischen Behandlung zuvor (am nächsten Tag habe ich eine Art Muskelkater im Kiefer!). Nachdem mich *Obelix* etwa 7-mal beim Namen hat rufen müssen, wache ich endlich wieder auf, erfahre von *Dr. Geyer*, dass mit dem Magen soweit alles in Ordnung sei und nehme dann – trotz Benommenheit – frech den Bus nach Baden (ohne Begleitung!), weil ich ja um 13 Uhr bereits den nächsten Termin habe. Vom *Computertomogramm* ist nur zu berichten, dass ich diesmal die plötzliche Wärme in den Venen und den Metallgeschmack im Mund ausgiebig wahrnehme. Danach habe ich eine Stunde Pause, die ich im *Brotlädeli* bei Tee und Nussgipfel verbringe; nach dem stürmischen Morgen geniesse ich die Ruhe in dieser Bäckerei, in der kein Mensch einkauft.

Anschliessend überrascht mich meine Mutter vor dem Röntgeninstitut; ich kann die Bilder der *Computertomographie* abholen (ein sehr schwerer Packen – meine gesamte Armlänge reicht gerade aus für den Transport unter dem Arm!) und zusammen machen wir uns um 15 Uhr auf zu *Dr. Streit*. Diese orientiert uns ausführlich über die inzwischen eingetroffenen Laborergebnisse. Demnach habe ich ein sog. *Non-Hodgkin-Lymphom* (sprich: Hotschkin), und zwar ein *diffus grosszelliges*, *Stadium III*. Stadium III, weil bereits auch Lymphknoten in der Brustregion und am Hals betroffen sind (das hat erst die *Computertomographie* ergeben – beim Abtasten wurden sie nicht entdeckt). Allerdings weist *Dr. Streit* darauf hin, dass dies nichts Aussergewöhnliches sei: Schliesslich sei mein gesamtes Lymphsystem in Mitleidenschaft gezogen. Deshalb macht es auch keinen Sinn zu operieren – das ganze System muss vom Übel befreit werden. Mit viel Geduld erläutert uns *Dr. Streit* in der Folge die Art der *Chemotherapie*, die mich erwartet (bei guten Blutwerten in einem dreiwöchigen Rhythmus): Jeweils jeden dritten Freitag *Antikörpertherapie* und *Chemotherapie*, bis Ende der folgenden Woche arge Nebenwirkungen (bleierne Müdigkeit, Übelkeit), dann zwei bessere Wochen. Acht Mal dieses Prozedere, mit Zwischenuntersuchungen – also werde ich ausgebucht sein für ein halbes Jahr. Die Haare werden mir ausfallen nach zweieinhalb bis drei Wochen (ab Therapiebeginn) – auf einen Schlag. *Dr. Streit* will mich für eine Perücke begeistern (*„Was machen Sie, wenn Sie einen Anlass haben?"*); ich aber sage Nein – Nein – Nein (*„Ich habe keine Anlässe – und wenn, dann auf der Empore."*). Und dabei bleibt es (noch am selben Abend kaufe ich mir zwei pfiffige Schirmmützen).

Dr. Streit hat bereits die folgende Woche verplant: Am nächsten Tag (Donnerstag) *Knochenmarkspunktion*, am Freitag eine ‚Schnupper-Chemo', um den Körper an die Schockbehandlung zu gewöhnen, am Montag Untersuchung der *Herz-Belastbarkeit*, am Mittwoch einstündiges Einoperieren des *Ports* (wegen meiner *„schitteren"* Venen), am Donnerstag *Antikörpertherapie*, am Freitag *Chemotherapie* (diese drei Tage im Spital, zur Überwachung). Ich werde von der Assistentin, *Frau Hochrieser* (welche die eindrücklichen Arztrechnungen stets mit ansprechenden Sondermarken verziert), mit einem Kompliment für meine Gelassenheit und Tapferkeit entlassen.

Zum Abschluss dieses übervollen Tages beorgele ich den Abend-Gottesdienst in Neuenhof; das tut gut. Daheim lese ich (in einer von *Peter* recherchierten Internet-Broschüre), dass von 100'000 Menschen durchschnittlich 15 ein *Non-Hodgkin-Lymphom* haben und ein Drittel davon – also fünf – meine spezielle Variante (*diffus grosszellig*). Auch darin zeigt sich offenbar meine Einzigartigkeit …

Donnerstag, 21.02.08: *Knochenmarkspunktion* im Kantonsspital Baden (Patientenaufnahme um 8:30). Wie ist dieses Spital doch gross und verwinkelt! Statt im Labor, lande ich zunächst vor dem Gebärsaal …

Auf der ambulanten Abteilung der *Onkologie* werde ich von *Frau Fasel* für den Eingriff präpariert (Infusion, Orientierung).

Um 10 Uhr dann die *Knochenmarkspunktion* durch *Dr. Lukaschek*, nur mit örtlicher Betäubung. Mein Gott – zum Glück habe ich vorher nichts von diesen Schmerzen gewusst! Während ich die rund ein Dutzend Untersuchungen der letzten zwei Wochen wirklich klaglos ertragen habe, komme ich nun an meine Grenzen. Das Einstechen mit der Nadel ist auszuhalten (wie bei den vorausgegangenen Punktionen), aber dann … Von einer Art ‚Bohrinsel' aus (im unteren Rücken) wird Flüssigkeit des Knochenmarks hochgepumpt (damit es sicherheitshalber ebenfalls auf Befall untersucht werden kann – das entscheidet über Kategorie *III* oder eben *IV*). Dies geschieht unter grossem Druck auf den Rücken (und auf meinen *Wilson* auf der Gegenseite!); dabei strahlen die Schmerzen in Blitzgeschwindigkeit aus bis ins Bein. *Frau Fasel* hält meine Hand, um ein Sensorium für meine Schmerzen zu haben (ich bedanke mich im Nachhinein herzlich dafür), *Dr. Lukaschek* befiehlt etwa vier oder fünf Mal *„Jetzt die Zähne zusammenbeissen!"*, einmal schreie ich laut *„Au!"* und einmal schlage ich gar aus. Es ist fast nicht zum Aushalten. Nach einer Viertelstunde bin ich erlöst (wobei es noch lange, lange ‚nachweht' – ein Gefühl, als wäre ich auf mein Steissbein gestürzt …). *Frau Fasel* klärt mich nachher darüber auf, dass ich bei einem nächsten Mal um ein Schlafmittel bitten solle; die Schmerzen seien in ihrer Intensität individuell verschieden. Ich erhole mich innerhalb einer Stunde und kann (mit meinem blutigen Loch im Rücken) alleine mit dem Bus heimfahren.

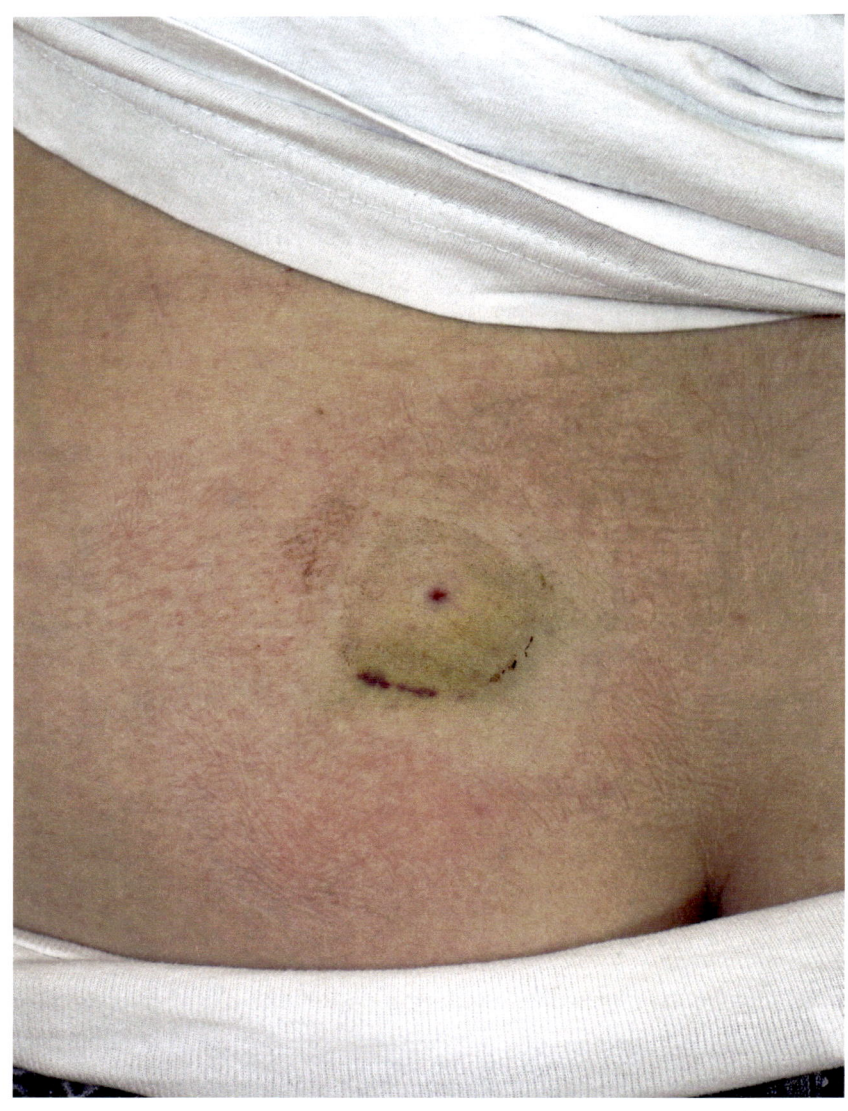

Spuren der Knochenmarkspunktion

Daheim schreibe ich drei Briefe an meine diversen ‚Chefs': Kath. Pfarrei Neuenhof, Kath. Pfarrei Killwangen und Ref. Kirchgemeinde Wettingen-Neuenhof. Ich erkläre, dass und weshalb mich *Dr. Streit* für 40% krankgeschrieben hat. So eine Krankheit gibt viel zu tun!

Am nächsten Tag (Freitag, 22.02.08) sollte meine *,Schnupper-Chemo'* stattfinden, damit sich der Körper anklimatisieren kann. *Dr. Streit* muss mich jedoch enttäuschen: Das Referenzlabor in Basel sei nicht zum gleichen Ergebnis gekommen wie das erste Labor (ich nehme an, gemeint ist dasjenige des Kantonsspitals Baden). *Non-Hodgkin* stehe zwar fest und auch der hoch *aggressive* Grad – aber im Hinblick auf eventuelle Forschungsfortschritte müsse man den Typus genauer ausmachen können. Es braucht Kraft, sich innerlich so schnell umzustellen; durch die Verschiebung der *Chemotherapie* auf den 03.03. bis 05.03.08 sind alle meine bereits organisierten Orgeldienstvertretungen nicht mehr aktuell, und ich kann von vorne beginnen (meine Hilfsorganisten reagieren aber sehr verständnisvoll!). Doch es hat auch etwas Gutes (und nach diesem bin ich ja stets auf der Suche): Nach all den Untersuchungen der vergangenen zwei Wochen (tatsächlich fand dies alles innerhalb von nur *zwei* Wochen statt!), vor allem aber nach der *Knochenmarkspunktion*, fühlt sich mein Körper geschunden an; ich bin froh um eine kurze Erholungsphase. Zudem hatte ich offenbar eine leichte Magenblutung in der Nacht vom Donnerstag auf den Freitag (sehr starke Magenschmerzen in der Nacht – als würde ein Schneepflug von unten her Geschiebe nach oben drücken – und am Morgen frisches Blut im Stuhl). *Dr. Streit* meint, das rühre wohl von der *Magenspiegelung* her (resp. von den damit verbundenen Gewebeentnahmen). Ich darf – bei einer akuten Verschlimmerung – sogar nachts anrufen (über die Praxis wird ihre Natel-Nummer bekanntgegeben). Ein super Service!

Die Verschiebung gibt mir auch Gelegenheit, weiter an meiner Einstellung zu dieser Situation der ‚Geworfenheit' zu arbeiten. Ich spüre, dass ich einfach die mentale Oberhoheit nicht verlieren darf – dann wird es gut. Und bis jetzt klappt das auch hervorragend (man macht mir Komplimente deswegen, was mich wiederum stärkt).

Die neue Woche (es ist Montag, 25.02.08) beginnt wiederum schmerzhaft. Um 8 Uhr habe ich mich im Spital Baden zu melden (vor mir joggt *Dr. Lukaschek* zu seinem Dienst!). Ich werde in Koje (sic) 7 geführt und darf das dortige Bett besteigen; tatsächlich muss ich hochklettern, weil es auf maximale Höhe eingestellt ist. Nachdem mir viel Blut abgezapft worden ist, muss ich eine Stunde warten – und dann werde ich im Bett durch die Gänge in die Röntgenabteilung gefahren! Dort wird mir ausführlich erklärt, was mich erwartet, nämlich mehrere *Wilson*-Biopsien. Ich frage nach: Von einer *Punktion* spricht man, wenn eine dünne Nadel verwendet wird; bei einer *Biopsie* hingegen wird eine ‚Stricknadel' benutzt (in meinem Fall eine ‚14-er' oder ‚16-er'), um möglichst viel Gewebe zu gewinnen. Kaum habe ich unterschrieben, dass ich die Verantwortung für allfällige Infektionen oder Nachblutungen selber trage, montieren alle vier Beteiligten einen Mundschutz (Hauptrolle: Der pralle Deutsche *Dr. Löw* mit seinem humorlosen Assistenten *Dr. Rehorik*, der mir aber immerhin attestiert, dass meine aggressive Tumorart recht erfolgreich bekämpft werden könne). Mittels Ultraschall wird der Kern von *Wilson* ausgemacht. Weil man um die Schmerzen bei einer *Biopsie* weiss, darf ich wieder die Hand der Assistentin drücken – und *wie* werde ich sie drücken! Das erste Mal überstehe ich mit blossem Auf-die-Zähne-Beissen; aber damit man diesmal sicher genug Material heraufbefördert, wird ein zweites, drittes und viertes Mal biopsiert. Ich jaule wie ein Hund (aber meinen Mund mache ich nicht auf!) und schwitze kalt. Nach ungefähr 15 langen Minuten (und x-Probestichen) ist es überstanden. So etwa muss gebären sein … Mir ist schlecht vor Schmerzen. Ich verlange nach einem kalten Waschlappen und versuche, mit tiefen Atemzügen wieder ins Lot zu kommen. Die Schwestern rollen mich zurück in die Koje, wo ich mich eine Viertelstunde lang kaum bewegen kann vor Schmerzen. Nach und nach klingen sie aber ab, und ich probiere, ob ich schon aufsitzen kann. Als ich um das Bett herumgehe, schickt mich eine Aufsichtsschwester (Typ: *Walküre*) gestreng wieder ins Bett. Da ich aber mit *Peter* in Baden zu Mittag essen will, kleide ich mich nach einigen Minuten an und schleiche aus der Koje. Wie ich mich nach einer ‚Rezeption' umsehe, um mein Verschwinden doch wenigstens mitzuteilen, sehe ich, dass die *Walküre* und *Dr. Löw* meine Koje wie ein leeres Grab anstarren. Reumütig nähere ich mich von hinten und erkläre, dass es mir doch schon ganz zufriedenstellend gehe und ich mich deshalb jetzt verabschieden möchte. Und tatsächlich tut mir die frische Luft gut, und ich spaziere bis zur Haltestelle ‚*Dättwil Täfere'*, wo ich *Peter* abfange.

Um 14:15 – nach einem feinen Mittagessen im *Du Parc* (‚*Bremgarter Forelle'*, dazu ein halber Deziliter *Riesling*) – wird meine Herzmuskulatur von *Dr. Jenni* mittels *Ultraschall* und *Echo* kontrolliert. Dies sei wichtig, weil die *Chemotherapie* meinen Herzmuskel angreifen werde. Das kann ja heiter werden … Immerhin ist alles in Ordnung – und für heute endlich Schluss mit Untersuchungen.

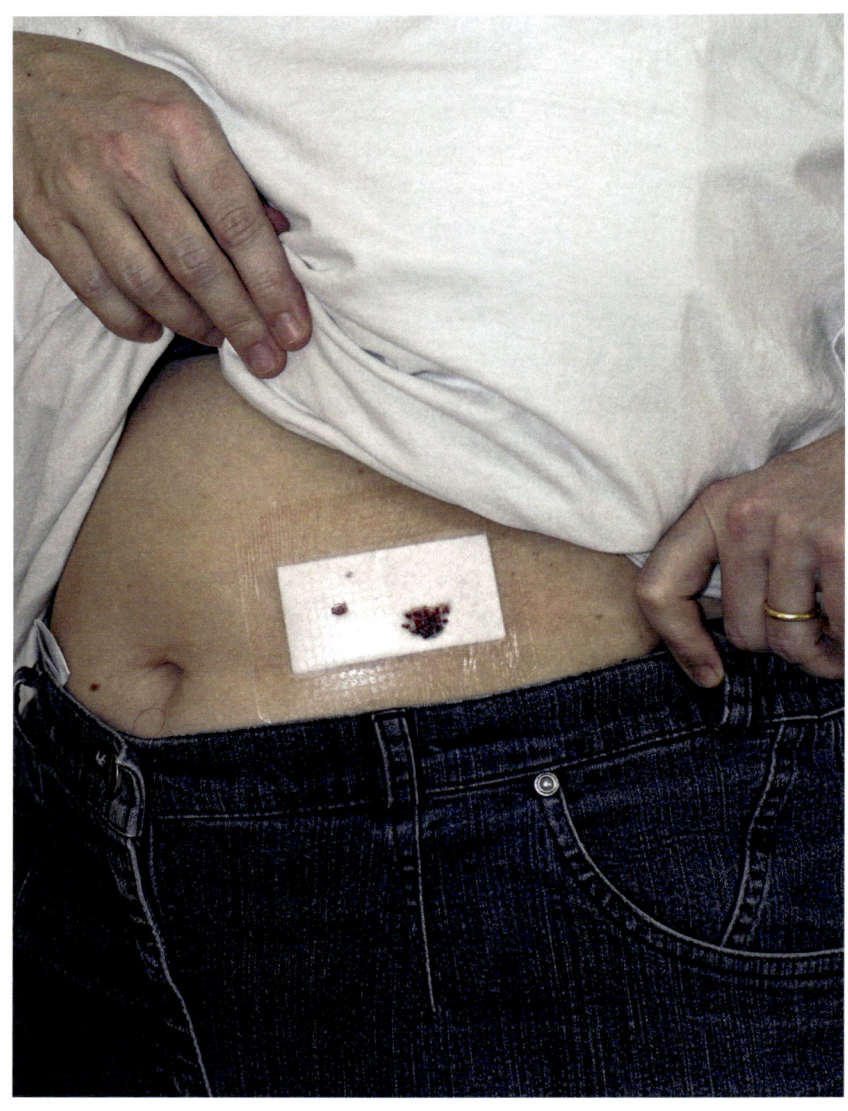

Kein Bauchschuss aus einem Western, sondern das Resultat einer Biopsie

Daheim lese ich zufällig den Kampfslogan der 68-er in Frankreich: *„Soyez réalistes, demandez l'impossible!"* Dem schliesse ich mich an – auf meine Situation bezogen!

Ich freue mich riesig über die vielen ermutigenden Mails, die ich täglich empfangen darf von lieben Menschen, die offensichtlich erschüttert sind über das, was mir da widerfährt. Sogar ein Blumenstrauss wird geliefert – von einer Luzerner Kommilitonin. Wie wohltuend!
Um alles ganz richtig zu machen, trinke ich ab jetzt *3 Liter* täglich – von *Dr. Streit* verordnet. Sie meinte, das sei so wichtig wie die Tabletteneinnahme (wichtig für die Ausscheidung des abgestorbenen Tumormaterials, das sich nicht in den Nieren ablagern darf). Dies braucht richtiggehend Disziplin!
Weiter nehme ich mir vor, während der *Chemotherapie* die guten Momente – zu denen es gewiss auch kommen wird – bewusst zu geniessen. Es geht einem nicht nonstop schlecht; immer wird es wieder Aufhellungen geben. Und ich fasse den Vorsatz, die üblen Nebenwirkungen als ,Erfolgsmeldungen' bezüglich der Bekämpfung des Tumors zu werten.

Heute Morgen (Dienstag, 26.02.08) hat nun die ,Schnupperchemo' stattgefunden. Es geht mir vorher und nachher sehr gut. *Dr. Streit* hat spürbar Freude an meiner Kooperation; sie ist geradezu herzlich zu mir.
Ab heute muss ich morgens vier Tabletten einnehmen: Eine Tablette für den *Magen* (die hat mir seit der Magenblutung geholfen – ich hatte nie mehr Magenschmerzen!), eine gegen *Gicht* (das tote Tumormaterial kann die Harnsäurewerte nach oben treiben und so Gicht

auslösen – also brauche ich dieselben Tabletten wie *Peter*, aber die doppelte Dosis!) und zwei *Hormontabletten* (sie hemmen allergische Reaktionen und unterstützen den Organismus in körperlichen Belastungssituationen). Letztere haben den Nachteil, dass sie den Zuckerspiegel anheben; ich sollte deshalb in Zukunft vorsichtig mit Süssem sein. Gemäss meiner Onkologin also nicht eine ganze Schokolade aufs Mal, sondern nur ein Schoggistängeli (aber das handhabe ich ja seit Längerem so). *Dr. Streit* begibt sich – was mich rührt – auf meine ‚Ebene‘ und spricht meine Vorliebe für Bier an: Vom Alkohol her kein Problem, aber wegen der Kohlenhydrate (während der Einnahme von *Prednison*) auch nur mit Mass; eines pro Tag sei aber völlig in Ordnung. Offenbar ist sie ebenfalls der Meinung, dass ich mir gönnen soll, was mich froh macht …

Und auf meinen Medi-Pass schreibt sie: *„Viel, viel trinken“*. Das scheint tatsächlich die Hauptregel für eine erfolgreiche Behandlung zu sein. Übrigens zählen – nach ihrer Angabe – auch Suppe oder Kaffee für die 3-Liter-Marke (*„alles, was flüssig ist“*). Nun denn: Prost!

Zum ersten Mal im Spital

Am Montag, 03.03.08, heisst es: Einrücken ins Spital. Mit dem 6 Uhr-Bus bis *Langacker* und ab da ein 12-minütiger Marsch (mit meiner roten Reisetasche aus Kindertagen) durch die kalte Morgenluft, die ich bewusst in mich aufnehme. *Frau Bläuler* von der Patientenaufnahme erkennt mich wieder, was mich sehr freut.

Im 11. Stock darf ich Zimmer 11 beziehen – ein Zweierzimmer! Darin liegt bereits *Frau C.,* eine gebürtige Ungarin aus Brugg, die mich äusserlich und auch von ihrem Wesen her an Oma erinnert. Das zuständige Personal stellt sich nach und nach vor: Die Krankenschwester: *Frau Steiner* (mit grossen, ernsthaften Augen); der Stationsarzt: *Dr. Erdmann* (ein sehr netter Deutscher, ohne jedes autoritäre Gebaren); der Narkosearzt: *Dr. Grob* (jovial und vertrauenserweckend, ein rundliches ‚Igeli‘); der Chirurg: *Dr. Matz* (ebenfalls sehr sympathisch – er wird nach erfolgter Operation *Peter* anrufen). Man klärt mich über das Vorgehen und mögliche Risiken auf. Der *Port,* in den künftig alle Infusionen, Antikörpertherapien und Chemotherapien eingespiesen werden, wird mir unter *Vollnarkose* unterhalb des rechten Schlüsselbeins eingepflanzt werden. Der *Port* ist etwa so gross wie zwei aufeinanderliegende *Tassimo*-Kapseln und mündet in eine Vene Richtung Herzen – eine eindrückliche Erfindung! Der Vorteil liegt darin, dass das Infektionsrisiko stark vermindert wird; zudem hatte ich gar keine andere Wahl, weil meine Venen ja – laut *Dr. Streit* – „*schitter*" sind (was sich bei jeder Blutentnahme bestätigt hat: Riesige gelb-violette Hügel blieben jeweils zurück).

Um 11:11 (lauter Schnapszahlen!) werde ich im Bett nach unten, in den Operationssaal, gefahren. Dort muss ich auf eine schmalere, harte

Liege wechseln. Der Arzt stülpt eine Gummikappe über meine Nase (sie stinkt nach Plastik), sagt noch etwas von *„frischer Alpenluft"* und ich solle tief atmen – und weg bin ich.

„Frau Brüniger, Frau Brüniger …, wir sind fertig." Mein erster Gedanke beim Aufwachen: Juhui, mir ist nicht schlecht! Dann schaue ich auf die Wanduhr: 13:15. Der Arzt bestätigt mir, dass alles gut gegangen sei; ich bin erleichtert. Kaum befinde ich mich aber im Lift, beginnt ein total heftiger *Schüttelfrost*, Unter- und Oberkiefer schlagen wild aufeinander, das ganze Bett bebt! Man sollte mich dringend röntgen, um die korrekte Lage des *Ports* zu kontrollieren, doch die Krankenschwester erkennt mit sicherem Blick: *„Die kann jetzt nicht stehen."* Also werde ich liegend geröntgt! Nach etwa einer halben Stunde endet der Schüttelspuk wieder.

Um 14:30 die nächste Aufregung: Die Ungarin und ich müssen das Zimmer zugunsten eines Privatpatienten räumen – und zwar subito. Ich bin ganz auf mich gestellt (die Ungarin ist relativ fit und plötzlich weg) und muss angekettet an meinen ‚*Christbaum*', so nennen sie den Ständer mit den Infusionen, meine Reisetasche und den Rucksack packen. Auch das neue Zimmer (gleicher Stock, aber Zimmer 12) muss ich – mit den Schuhen in der Hand – selbständig suchen. Da mein Bett noch nicht drin steht, setze ich mich einfach auf das Bett der Ungarin, bis endlich meine Pritsche reingeschoben wird. Das war nicht gerade ‚*service soigné*'!

Kurz nach 15 Uhr wird mir das Mittagessen ins Vierer-Zimmer nachgeliefert: *Wild*! Obwohl mir nicht schlecht ist, verzichte ich gerne und beachte nur den Kuchen auf dem Tablett. Bereits zwei Stunden später wird auch schon das Nachtessen gereicht – wieder interessiert mich vor allem das Dessert …

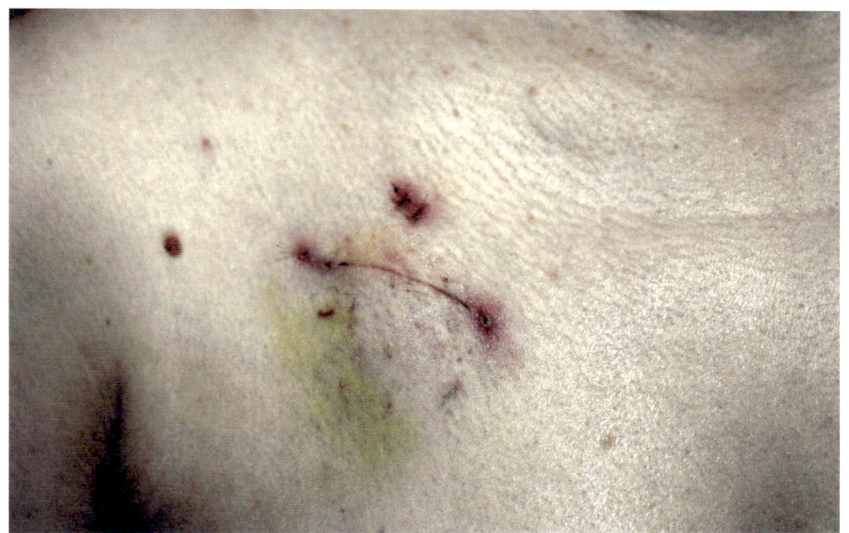

Mein Port – Prêt-à-porter

Peter besucht mich am späteren Nachmittag; die Ungarin wird das anerkennend mit „*lieber Mann, sehr*" quittieren.

Die Nacht ist schrecklich, unendlich, quälend lang. Die frisch operierte Stelle schmerzt und zwingt mich, immer genau gleich zu liegen. Alle paar Stunden werden meine Infusionen ausgewechselt, willkommene Unterbrüche in dieser nahezu schlaflosen Nacht. Eine kleine Alte (*Frau F.*) furzt die ganze Zeit und gibt auf der Toilette Gebärlaute von sich, dass Gott erbarm. Ein Massenlager ist etwas Grässliches.

Irgendwann wird es doch 04.03.08, kaum zu glauben. Am Tag sieht alles wieder erträglicher aus. Und es gibt auch durchaus Aspekte, die mir gefallen: So beispielsweise die Reduktion auf das Allernotwendigste, die Ökonomie der Bewegungen und die sehr bewusste Handlungsführung – der Pflegenden wie der Patienten! Hat man Schmerzen, macht man keine Umwege oder unbedachte Fisimatenten …

Die *Antikörpertherapie* beginnt; ich bin ein wenig nervös wegen allfälliger böser Überraschungen. Da kommt mir das Gespräch mit der Onkologin *Frau Nussbaumer* (elegant, mit weissem Schal) sehr gelegen – Ablenkung für eine Viertelstunde. Die Krankenschwester, *Frau Steiner*, überwacht meinen Blutdruck die ganze Zeit über und trägt alle Werte in eine lange Tabelle ein. Ich bin sehr dankbar für diese Aufmerksamkeit, muss aber doch hin und wieder schmunzeln ob ihrer unerschütterlichen Beflissenheit. Gott sei Dank sind die Nebenwirkungen minimal: Halsschmerzen während einer Stunde (sie verschwinden mit dem Vanillepudding, der zum Dessert gereicht wird!) und ein tieferer Blutdruck als sonst (106/59) – aber kein Fieber oder Schüttelfrost. In den darauffolgenden Nächten werde ich etwas Atemnot haben, was wohl mit dem Anschwellen der Schleimhäute zu tun hat.

Um 15 Uhr erkundigt sich sogar *Dr. Streit* nach mir und dankt mir für meine Karte aus dem Flüeli-Ranft – ich fühle mich gut aufgehoben.

Als *Dr. Erdmann* am Abend meinen Zustand überprüft, frage ich ihn, was mich arg beschäftigt: Angenommen, ich hätte *Wilson* nicht ‚entdeckt' – was wäre als Nächstes passiert? Hätte das Lymphsystem versagt? Dies könne kaum passieren, so *Dr. Erdmann*, denn es gebe meist genug Lymphknoten, welche die Funktion der Ausfallenden übernehmen. Aber womöglich wäre es bald zu einem Darmverschluss gekommen – mit unausweichlicher Operation. Glück gehabt …

Bei der Visite haben mich übrigens *Dr. Lukaschek* und *Dr. Erdmann* um Erlaubnis gebeten, dass eine Studentengruppe meinen *Wilson* betasten darf, da dieser eine nicht alltägliche Grösse aufweise. Ich, eine Frau der Wissenschaft, gebe natürlich die Einwilligung – mit der Einschränkung, dass nicht allzu fest an meinem Tumor herumgedrückt werde; es ist mir sehr wichtig, dass bei künftig Betroffenen die Diagnose richtig gestellt werden kann. Da ich am Mittwochabend aber bereits heimkehren darf, kommt es nicht zu dieser ‚Knet-Masse', was mir auch recht ist …

Doch es ist noch längst nicht Mittwoch; erst kommt wieder eine lange, lange Nacht. Um 22 Uhr, gerade eben war ich dank einer halben Schlaftablette eingeschlafen, wird *Frau H.* in einem Spitalbett (und mit enorm viel Gepäck!) angeliefert – Frau *Ärger* wäre passender. Ihre ersten Worte: Vier Menschen in einem Zimmer, das sei eine Zumutung, sie wolle unverzüglich ein Privatzimmer! Die Krankenschwester weist die renitente Patientin behutsam darauf hin, dass sie nur *allgemein* versichert sei; und wenn kein Einzelzimmer frei sei, dann könne auch keines zur Verfügung gestellt werden. *Frau H.* lässt nicht locker, nach dem Motto: Wer zahlt, befiehlt. Wenn man ihren Wunsch hier nicht erfüllen könne, dann solle man sie sofort nach Schinznach zurück verlegen (dort weilte sie offenbar zur Kur) – ungeachtet der späten Stunde. ‚Uriella‘ – sie gleicht ihr tatsächlich! – wird zunehmend aggressiver. Sie äfft nicht nur den Husten der armen *Frau K.* nach, die mit schwerstem Asthma neben mir liegt und an ein Sauerstoffgerät angeschlossen ist, sondern beginnt, das Personal umherzujagen. Sie habe Anrecht auf einen Grüntee mit Zwieback, jawohl, und auf ein Glas Wasser, nein, nicht *Henniez*, sondern Leitungswasser, aber bitte kalt. Es stellt sich heraus, dass *Frau H.* blind und schwerhörig ist, was die Sache nicht einfacher macht: *„Wo ist meine Blindenuhr? Wo sind meine Augentropfen? Wo ist mein Hörgerät?"* Das Pflegepersonal muss das ganze Gepäck durchwühlen, rennt umher, stösst geduldsmässig an seine Grenzen. Und immer wieder: *„Es ist nicht auszuhalten, diese Menschen im Zimmer, eine Zumutung …"* Wir drei anderen machen keinen Mucks, solidarisieren uns aber spürbar untereinander; an Schlaf ist nicht zu denken. Um Mitternacht beginnt *Frau H.* zu hyperventilieren und zu schreien. Sie hat es jedoch derart mit uns verdorben, dass wir nicht reagieren. Meine Theorie ist, dass sie simuliert und so ein Einzelzimmer erzwingen will (es stellt sich am nächsten Tag jedoch heraus, dass sie tatsächlich Schmerzen hatte …). Es ist schrecklich, ihrem scheinbaren Ersticken zuhören zu müssen; immerhin lauscht das Personal durch die offene Zimmertüre. Um 00:30 wird sie endlich rausgeschoben (und um 8 Uhr leider wieder reingeschoben …) – auf dass wir wenigstens noch ein wenig schlafen können. Ein frommer Wunsch … Ich bewundere die Pflegenden ob ihrer Belastbarkeit und Geduld; sie hatten sich sehr gut im Griff.

Endlich Mittwoch, 05.03.08 – die erste *Chemotherapie*. Auch dieser Akt wird von *Frau Steiner* gut überwacht und geht ebenso gut über die Bühne. Eine zweite Onkologin, *Frau Ammann* (sehr nett), nimmt sich lange Zeit, um mit mir über mögliche und zwingende üble Nebenwirkungen zu sprechen. Sie weiss auf alles eine Antwort: Ja, sie fände es praktisch, meine Haare vor dem Haarausfall kurz scheren zu lassen. Ja, die Antiknirsch-Gebissschiene sei jetzt wohl kontraproduktiv (wegen der entzündeten Schleimhäute).

Beim Wägen bin ich 4 kg schwerer als bei Spitaleintritt zwei Tage zuvor – nur wegen den permanent einlaufenden Infusionen! Da ich allmählich ‚Platzangst' habe, wird die Flüssigkeitszufuhr endlich reduziert. Übrigens werde ich am Samstag bereits wieder 6 kg leichter sein … Auch diese Strapaze erinnert an den Film *Verschollen* (*Wilson*!) mit *Tom Hanks*, der für den Drehbeginn 20 kg hatte zunehmen müssen, um dann die Insel beinmager wieder zu verlassen!

Meine Mutter holt mich am Abend um 19:45 mit dem Auto ab – ich bin sehr dankbar für diesen Service. Man hat zwar erwogen, mich noch einen Tag länger im Spital zu behalten, aber ich antworte derart energisch, dass ich mich nur erholen könne, wenn ich endlich-endlich wieder einmal schlafen könne, dass man mich springen lässt. *Dr. Erdmann* stattet mich mit einem ellenlangen Rezept aus und fügt an, dass die Basler immer noch nicht wissen, welchen Untertypus des *Non-Hodgkin-Lymphoms* ich habe …

Gleichzeitig mit mir kann glücklicherweise auch *Frau Z.*, meine Zimmergenossin ‚Fuss an Fuss', das Spital verlassen. Ich hatte ihre Gegenwart sehr geschätzt; wir hatten nicht nur den gleichen Humor (als meine *Chemotherapie* startete, zwinkerte ich ihr zu: „*Mein erstes Mal*"!), sondern waren uns auch wohltuend einig in Fragen des Glaubens und der Kirche. Einmal erhielt sie Besuch von einem Mann (der mir sogar die Hand gab und sich nach meinem Befinden erkundigte) und einer Frau; da mir die Gesichter irgendwie bekannt vorkamen, erkundigte ich mich nachträglich nach dem Namen des Ehepaares. Sie lachte – das sei der Pfarrer von *D.* gewesen, mit seiner Pfarrköchin … Inzwischen habe ich *Frau Z.*, die leider unheilbaren *Bauchspeicheldrüsenkrebs* hat, bei *Dr. Streit* wieder angetroffen; die Freude war gegenseitig. Weil bei ihren Bluttransfusionen im Spital jedes Mal ihr Geburtsdatum (16.04.1937) genannt worden ist, nehme ich mir vor, ihr eine Geburtstagskarte zu senden. Die Fahrt ‚im gleichen Boot' hat eine Vertrautheit geschaffen, die sich sonst nicht so rasch einstellen würde.

Die erste Phase danach

Heute morgen (19.03.08), genau zwei Wochen nach der ersten *Chemotherapie*, sind die ersten Haarbüschel ausgefallen. Eine sehr seltsame Erfahrung. Ich möchte sie analog setzen zu Sterben und Tod: Vor dem Tod ist mir nicht bang, vor dem Sterbeprozess hingegen fürchte ich mich. Genauso hatte ich nicht Bammel vor dem Zustand der Glatzköpfigkeit – wohl aber vor der Phase davor. Als ich heute gemerkt habe, dass sich die Haare einfach herausziehen lassen, sind mir die Albträume in den Sinn gekommen, in denen mir Zähne ausfallen; in einem Traumdeutungsbuch hatte ich einmal gelesen, dieses Bild stehe für den Verlust des Selbstwertgefühls. Mit den Haaren ist es ähnlich – verlieren wir sie en masse, trifft uns das im Innersten. Um das Prozedere abzukürzen, bitte ich *Peter*, meinen Kopf zu scheren; ich bin ihm zutiefst dankbar für diesen Liebesdienst. Und schon nach wenigen Minuten habe ich mich an mein neues Erscheinungsbild gewöhnt – und finde sogar Gefallen daran. Wieder einmal staune ich über die kurze Erholungszeit, die ich jeweils brauche (körperlich wie seelisch). An die Haustür klebe ich einen orangen Pfeil mit der Aufschrift: *„Dächlikappe!"* In der Öffentlichkeit ist eine glatzköpfige Frau ein Ärgernis. Hoffentlich denke ich stets an meine ‚Tarnkappe'!

Ansonsten geht es mir recht gut. Die Übelkeit hat sich gelegt in der zweiten Woche, auch die Müdigkeit ist nicht mehr so stark. Einen kleinen Dämpfer habe ich erlebt, als ich nach anderthalb Wochen zum ersten Mal wieder unterrichtet habe: Das (eigentlich geringe!) emotionale Engagement hat bewirkt, dass mir nullkommaplötzlich schlecht geworden ist und ich unter einem Vorwand an die frische

Luft gestürzt bin. Ja, Bäume-Ausreissen geht im Moment tatsächlich nicht …

Sehr dankbar bin ich dafür, dass ich – trotz Übelkeit – noch nie habe erbrechen müssen (das ist für mich der Inbegriff von Kranksein …). Und ein besonderes Highlight war, als ich nach zwei Wochen Abstinenz einen Schluck Bier probiert habe – und es gemundet hat (während mich Wein sauer dünkt und abstösst)!

Erstaunt hat mich folgendes Kurzerlebnis: Als mich in Baden, nach einer ärztlichen Kontrolle, eine liebe Bekannte aus Neuenhof (*R. U.*) angesprochen und sich nach meinem Befinden erkundigt hat, habe ich spontan gesagt: *„Danke, sehr gut!"* Einen Moment lang habe ich überhaupt nicht an meine Krankheit gedacht, trotz Druckverband am Arm!

Ein Problem aber sind die schlechten Blutwerte (das betrifft vor allem die weissen Blutkörperchen). So hat sich am Hohen Donnerstag herausgestellt, dass ich nur noch einen Zehntel der für den Schutz des Immunsystems verantwortlichen *„Polizisten"* – ein Begriff der Praxishilfe, *Frau Hochrieser* – habe (440 *Granulo*). Das bedeutet, dass jeder Krankheitskeim in meiner Umgebung eine ernste Gefahr für mich darstellt. *Dr. Streit* hat deshalb verordnet, dass ich Menschenansammlungen und nahen Kontakt meiden muss; sie wollte sehr genau wissen, wie die Gottesdienste über Ostern ablaufen, wie viele Gläubige jeweils kommen, ob nachher noch gemütliches Beisammensein angesagt ist und so fort.

Solange ich mich auf der Empore verschanzen kann, habe ich keine Bedenken; schwieriger würde es im reformierten Kirchgemeindehaus werden, wo sich die Orgel auf der gleichen Ebene wie die Gottesdienstbesucher befindet. Und tatsächlich: Da dort immer die gleichen älteren ‚Stammgäste' kommen und weil mich alle mögen (was sich in extremen Fällen in kussgarnierten Umarmungen äussert), bin ich die ganze Zeit vor und nach dem Karfreitags-Gottesdienst mit Abwehren und Erklären beschäftigt. Die Menschen kommen mir alsbald vor wie Tennisbälle, die aus einem Trainingsautomaten spicken und auf die ich mit meinem Schläger reagieren muss. In meiner Bedrängnis nehme ich den *Notausgang* neben der Orgel und entweiche so über den verschneiten Garten …

Einen ersten mentalen Einbruch erlebe ich am Karsamstagabend, als ich mir die ganze Zeit über vorstelle, wie mein Kollege die Osternachtfeier gestaltet; erstmals seit 17 Jahren beorgele ich diesen liturgischen Höhepunkt des Kirchenjahres nicht selber (was durchaus vernünftig ist). Mir wird an jenem Abend bewusst, dass der geforderte lange Atem eine Hauptschwierigkeit darstellt: Eine Woche, zwei Wochen krank – diese Tapferkeit aufzubringen, ist wohl jedem möglich. Aber sieben lange Monate lang …

Inzwischen habe ich wieder zu meiner alten ‚Form' zurückgefunden. Ich bin dankbar, wenn ich ohne Infektion über die Runden komme. Dem nächsten Mittwoch (26.03.08) fiebere ich ungeduldig entgegen; es ist mein dringlichster Wunsch, dass sich meine Blutwerte bis dahin erholen, so dass die zweite Therapieeinheit gestartet werden kann. Um das positiv zu beeinflussen, schlafe ich so viel als möglich und trinke täglich mit Sauerstoff angereichertes Wasser (diesen Sportler-Trick verdanke ich *M. Zw.*).

Die Therapie muss um zwei Tage, auf den 28.03.08, verschoben werden – diese Pille kann ich schlucken. Es geht wiederum alles recht gut;

Dr. Streit hat die Medikamente optimal eingestellt (noch nie musste ich erbrechen!). Gleichwohl bin ich reduziert: Übelkeit, Kopfweh, Rückenschmerzen, Schlaflosigkeit …

Heute Nacht (04.04.08) habe ich mir vorgestellt, ich hätte ein Gutscheinheft – einmal im Monat soll es so sein wie früher! Zum Frühstück gäbe es ein deftiges Vollkornbrot mit Nüssen (ohne dass ich auf meinen wunden Gaumen Rücksicht nehmen müsste); nach dem Apéro würde ich eine knusprige und schwer beladene Pizza backen, dazu ein reifer *Montepulciano*; am Nachmittag würden *Peter* und ich spontan einen Ausflug machen und nach einem ausgiebigen Spaziergang in einer Landbeiz Salsiz und Bier geniessen; und nach diesem wunderbaren Tag schliefe ich wie ein Murmeltier. Na ja, ich hole mir nun noch einen Pfefferminztee …

Es gibt Menschen, die fragen einfach zu viel. So habe ich Folgendes erlebt: Herr und Frau K. warten – wie so oft – auf den Zug am Sonntagmorgen, der sie zum freikirchlichen Gottesdienst befördert. Ich nähere mich mit meiner Lieblingsmütze, die *Katja* extra für mich gestrickt hat. Frau K.: *„Oh, heute mit Mütze?"* Ich: *„Ja, das ist meine Tarnkappe."* Frau K.: *„Es ist ungewöhnlich, dass Sie eine Mütze tragen."* Ich (in möglichst neutralem Tone): *„Ja, das stimmt."* Herr K.: *„Sind etwa die Haare so kurz?"* Ich (eine gewisse Schadenfreude spürend, weil sich das Ganze durch die bodenlose Neugier des Ehepaares zuspitzt): *„Ja, die sind sehr kurz im Moment."* Herr K.: *„Und – hat das einen bestimmten Grund?"* Ich (innerlich erregt, weil der Schock tief sitzen wird …): *„Ja, die Haare sind mir ausgefallen wegen der Chemotherapie."* Während circa einer Minute bleibt der Mund von Frau K. offen und auch Herr K. fragt längere Zeit nichts mehr …

Am Montag, 14.04.08, fällt das *Granulo* noch tiefer: Nur noch 370 ‚Polizisten' (das entspricht etwa ¹⁄₁₅ der Abwehrkräfte eines gesunden Menschen)! *Dr. Streit* mahnt eindringlich, Abstand von den Leuten zu halten und mich zu schonen. Ob die dritte Therapie am Freitag (18.04.08) stattfinden kann, steht in den Sternen … Ich sehne sie herbei – denn nach dem dritten Mal wird man mittels bildgebender Verfahren untersuchen, wie weit der Tumor schon abgebaut wurde.

Im Moment kämpfe ich ohnehin ein wenig gegen die ‚Melancholie der erledigten Dinge' an. Von den zwei Arbeiten, die ich zur Erlangung des *Bachelors* verfassen muss oder vielmehr darf (5 fehlende Credit Points in Heimarbeit), habe ich die erste Arbeit bereits eingeschickt (ein religionspädagogisches Thema); das zu besprechende Buch für die zweite (in Fundamentaltheologie) ist noch nicht nach Hause geliefert worden. Damit mir die Decke nicht auf den Kopf fällt (seit Tagen regnet es), habe ich heute sogar mein Büchergestell herausgeputzt …

Ein kleines Wunder ist geschehen: Die dritte Therapie kann wie vorgesehen am 18.04.08 stattfinden! Niemand hat das – aufgrund der extrem schlechten Blutwerte – erwartet; das zeigt sich auch daran, dass während der ersten Therapiestunde keine freie Pritsche zur Verfügung steht. So habe ich mit einem maroden Sessel vorlieb zu nehmen, dessen Fussteil mit einem umgekehrten Eimer gestützt werden muss … Eine psychologische Erklärung für diese rapide Wende im Blutbild habe ich allerdings: Am Vortag hatte ich nämlich von der zuständigen Professorin eine Lobeshymne für meine religionspädagogische Arbeit erhalten – und die Maximalnote 6!

Dieses Hochgefühl ist leider nicht von Dauer: Ich ertrage die Therapie schlechter als bisher (hatte ich mich zuwenig darauf eingestellt oder lag es an den tiefen Ausgangs-Blutwerten?), und in der Nacht vom 22.04.08 (Dienstag) setzen starke Halsschmerzen ein. Es ist dies eine schlimme Nacht; Blase und Nieren sind gereizt, so dass ich jede halbe Stunde Wasser lösen muss. Zudem habe ich Angst, dass die Halsschmerzen mit Fieber einhergehen würden – das hiesse: Sofort ins Spital. Das Fieber bleibt zum Glück aus; gleichwohl melde ich mich am nächsten Tag bei *Dr. Streit*, da ich eine Blasenentzündung vermute. Ihre Diagnose geht jedoch dahin, dass sich – durch die Therapien mit dem jeweils vorgängigen Aufschwemmen – Wasser in meinem Körper abgelagert hat, das mich nun plagt. Mit einem *Nieren-/Blasentee* soll diesem Wasser der Garaus gemacht werden. Unter grossen Schwierigkeiten nimmt *Dr. Streit* einen Abstrich des Halses vor: Reflexartig habe ich x-mal den Zugang zu meinem Schlund verweigert (Brechreiz …), so dass sie den Abstrich schliesslich auf dem Schragen mit heruntergekipptem Kopfteil vornehmen muss. Keine Angina – Glück gehabt! Aber die weissen Blutkörperchen sind in abenteuerliche Höhen geschnellt (über 8500 ‚*Polizisten*'!); etwas Entzündliches ist wohl im Umlauf.

Die Erkältung legt mich für den Rest der Woche flach; ich bin total erschöpft und die Stimmung kippt gefährlich. Doch am Samstag bricht der Frühling aus – und schon fühle ich mich auch wieder besser. Es ist mir möglich, den Weissen Sonntag in Neuenhof zu beorgeln, was meine Laune anhebt. Diese wird noch besser durch Anrufe von lieben Mitmenschen, die von meiner Krankheit durch Umwege erfahren haben und sich betroffen melden. Und ganz toll ist, dass am Sonntag die Ringelblumen, die ich gesät habe, aus der Erde hervorbrechen!

„La cantatrice chauve" (*„Die kahle Sängerin"* – in diesem absurden Theaterstück von
Eugène Ionesco hatte ich während der Kantonsschulzeit mitgespielt!)

Ein Zwischenergebnis

Heute endlich, am 05.05.08, zieht man Bilanz: Nach drei Therapie-Einheiten wird mittels *Ultraschall* nachgeschaut, wie sich *Wilson* in der Zwischenzeit entwickelt hat. Der Tumor ist deutlich kleiner geworden – aber er misst immer noch rund 7,5 × 5 × 5 cm! *Dr. Meier* ist optimistisch, dass alles gut kommt (wobei ihn eine *Zyste*, die sich an den Eierstöcken gebildet hat, stört); von den Organen her ist alles in Ordnung. *Dr. Streit* – so der Eindruck von *Peter* und mir – ist hingegen etwas enttäuscht ob des Resultates. Sie kann nicht viel dazu sagen; man werde nach dem sechsten Mal (aufgrund einer *Computertomographie*) entscheiden, wie es weitergehe: Noch zwei Therapien oder nur noch Bestrahlen oder nur noch Antikörpertherapie. Auch für die vierte Therapie am kommenden Freitag gibt sie mir nur eine 50%-Chance (*Frau Hochrieser* ist auf meiner Seite und plädiert für 90%!). Es wird, mit anderen Worten, weiterhin so sein, dass ich fortwährend alles so nehmen muss, wie es halt kommt …

Nachdem das Desaster im Februar offenbar geworden war, wäre ich am liebsten in ein künstliches Koma gefallen, um dann im Herbst – geheilt – wieder aufzuwachen … Inzwischen übe ich mich darin, auch diese eher mühsamen Wochen und Monate ganz bewusst zu leben. Ich bin dieselbe Person geblieben; also versuche ich, dieses Widerfahrnis nicht speziell zu gewichten oder aus meiner Biographie auszugliedern. Alles hat mit einem zu tun, immer geht es um das Ganze, egal, ob wir etwas mit positivem oder negativem Vorzeichen bewerten. *Dr. Meier* hat mir jedenfalls ein Kompliment gemacht – ich sei sehr tapfer. Mal gucken, wie ich mich fürderhin halten werde …

Heute, 07.05.08, mache ich die erste zwischenmenschliche Negativ-erfahrung im Zusammenhang mit meiner Krankheit: Es ist Mittwoch-abend, eine Minute vor Gottesdienstbeginn. Da der Pfarrer so spät erschienen ist und wir das Gottesdienstprogramm noch besprechen mussten, hetze ich – die Glocken sind bereits verstummt – von der Sakristei auf die Empore. Da zischt eine auswärtige Frau aggressiv aus dem Kirchenbank heraus: *„Wohl vergessen, in der Kirche die Mütze ab-zuziehen!"* Wie ein Schwert durchbohrt mich diese Bosheit, kann im Moment aber nicht reagieren. Während der Messe wurmt mich der Vorfall immer mehr; hätte ich doch, wäre ich doch … Von oben fixiere ich die Frau und präge mir ihr Aussehen genau ein. Nach dem Gottes-dienst will es der Zufall, dass ich beim Ausgang vor sie zu stehen kom-me. Ich drehe mich um, versperre ihr den Weg und sage mit klopfen-dem Herzen: *„Übrigens habe ich nicht vergessen, die Mütze abzulegen – ich habe Krebs und deshalb keine Haare mehr, darum das Käppchen. Das wollte ich Ihnen noch erklärt haben."* Die Frau reckt arrogant das Kinn empor und flötet: *„Schade um so eine junge Frau!"* Nachdem ich mich fassungslos abgewendet habe, ruft sie mir noch nach – offensichtlich erst jetzt zur Besinnung gekommen: *„Ich werde Sie in mein Gebet ein-schliessen!"* Ob ich da überhaupt hinein will, ist eine andere Frage …

Die zweite Hälfte

Heute ist der 07.06.08 – die Eröffnung der *Euro 2008*. Inzwischen ist die 5. Therapieeinheit über die Bühne gegangen (am 02.06.08) – die Eröffnung der zweiten Hälfte meiner Therapien.

Wieder hat der Termin verschoben werden müssen (wegen der schlechten Blutwerte). Deshalb hat *Dr. Streit* beschlossen, die Bildung der weissen Blutkörperchen im Knochenmark (das durch die Therapien angegriffen wird) mittels fünf *Neupogen*-Spritzen anzuregen. Weil starke Gliederschmerzen damit einhergehen können, muss ich im Vorfeld jeweils ein *Dafalgan* schlucken (bei Bedarf mehr). Die Spritze selber hat nicht weh getan; in den nächsten vier Tagen wird sie mir daheim von einer *Spitex*-Schwester verabreicht werden.

Ich werde von drei verschiedenen *Spitex*-Schwestern gepiekst: Am Sonntag von *Frau Kopp* (eine Deutsche; Note: 5,5), am Montag von *Frau Canzoni* (eine Aushilfe; Note: 6) und am Dienstag/Mittwoch von *Frau Baumann* (ein Grobian; Note: 3,5 – beim zweiten Mal immerhin 4,5). Das Bein tut nur nach der Spritze von *Frau Baumann* weh; allerdings habe ich in der Nacht vom Sonntag auf den Montag Fieber (heftiges Frieren und Schwitzen) und am Montag selber fühle ich mich total abgeschlagen und wackelig (Husten, Schwindel, Kraftlosigkeit). Der Körper wird offensichtlich strapaziert durch das *Neupogen*, bei dem 30 Millionen Irgendwas gespritzt werden. Wenn's nur nützt!

Ich bin froh, dass der Mai vorbei ist; es war alles in allem ein harziger Monat. Nun aber läuft die Zeit wieder rascher: Das Gefühl, die Mitte der Therapiezyklen überschritten zu haben und die Aussicht auf den *Bachelor* (den ich mir mit einer zweiten schriftlichen Arbeit – im Fach

Fundamentaltheologie zum Thema *Hirnforschung und Religion* – erworben habe, ebenfalls mit einer 6!) tun gut.

Die Abfolge der Therapiewochen ist mir vertraut geworden. Die zweite und dritte Woche verlaufen bis jetzt recht angenehm, mit kleinen Einschränkungen. Die erste Woche hingegen fühlt sich jeweils etwa so an:

1. Tag (Therapietag): Totale Erschöpfung, schwach, totenbleich.
2. Tag: Viel Schlaf nötig und auch möglich, Verstopfung.
3. Tag: Verstopfung, diffiziler Magen am Abend.
4. Tag: Verstopfung, diffiziler Magen am Abend, Schlaflosigkeit (wegen *Prednison*).
5. Tag: Verstopfung, Schlaflosigkeit, Entzündungen im Rachenraum.
6. Tag: Entzündungen im Rachenraum.
7. Tag: Halsweh, Kopfweh.
8. Tag: Kopfweh.

Die *Übelkeit* habe ich nicht eigens erwähnt, weil sie zwar latent da ist, aber durch ‚strategisches' Verhalten ziemlich erfolgreich vermieden werden kann. So sind mir Zucker und Salz in der ersten Woche ganz und gar zuwider (Alkohol sowieso). Gut tun mir hingegen rohe Rüebli, sowie Äpfel und Bananen. Mehrmals bilden sich – ebenfalls eine Folge der Therapie – *Hämorrhoiden*; eine leidige Sache, gegen die Geduld und *Bepanthen Plus* helfen.

Die Spritzen haben leider noch keinen nennenswerten Erfolg gezeitigt, wie mir *Dr. Streit* enttäuscht mitteilt. Also: Weiterspritzen (nochmals drei Spritzen). Die beiden letzten erhalte ich wieder zuhause durch die *Spitex*. Diesmal kommt die Chefin persönlich (Note: 6), die mich sogar kennt: *Marianne Hugentobler*, welche in Neuenhof Geige gespielt hat bei Chorauftritten unter dem Dirigat von *Urs*! Da sie im Block nebenan wohnt, bietet sie uns an, in der Not Tag und Nacht ihre Hilfe in Anspruch zu nehmen. Wie beruhigend! Nun bin ich gespannt, ob die Werte am Montag besser sind …

Nein, das Fazit nach der Spritzenkur ist mager: Nach der 8. Spritze ist die Anzahl der weissen Blutkörperchen zwar nach oben geschnellt – aber ebenso rasch auch wieder nach unten gesaust. Die Nebenwirkungen fallen zu sehr ins Gewicht angesichts dieses Resultats. Zeitweise hatte ich so heftige Rückenschmerzen, dass ich Schmerzmittel einnehmen musste; es fühlte sich an, als ob mein Körper in der Mitte auseinandergeschraubt würde. Das Prozedere mit dem *Neupogen* ist mir definitiv nicht sympathisch.

Immerhin kann die 6. Therapie am 23.06.08 termingerecht stattfinden. Es ist dies ein Hitzetag – die Wärme in der Praxis ist schier unerträglich. Ich erscheine mit einer Bier-Kühltasche, damit wenigstens meine Getränke einigermassen frisch bleiben. Freundlicherweise stellt man mir ein riesiges Kühlgerät in den Raum, das laut, aber recht effizient arbeitet. Nach meiner Therapie (die jeweils 5¾ Stunden dauert) ist das Becken, in welches fortwährend der Luft entzogenes Wasser tropft, randvoll; scherzhaft bemerke ich, das sei wohl jene Menge an Flüssigkeit, die ich nicht habe schwitzen müssen.

Nach der 6. Therapie beorgele ich – wie schon nach der 5. Therapie – bereits den Gottesdienst am übernächsten Abend. Wenn das *Dr. Streit* wüsste …

Mit Bangen erwarte ich den 09.07.08: Mit einem *CT* vom Hals bis zum Becken wird der bisherige Behandlungserfolg verifiziert; von diesem Bild wird das weitere Vorgehen abhängen. Am Vortag machen *Peter* und ich ein 13 ½-stündiges Bahn- und Busreisli (nach St. Moritz – Chiavenna – Splügen), damit wir uns etwas ablenken können.

Da ich spüre, dass in meinen Eingeweiden keinesfalls alles so ist, wie es sein müsste, bin ich auf Schlimmes gefasst. Der Befund ist dann aber nicht ganz so arg: *Wilson* ist mittlerweile auf die Hälfte zusammengeschrumpft (5,5 cm), die Ableger des Tumors sind aber leider alle noch da.

Dr. Streit braucht Bedenkzeit, was das weitere Vorgehen betrifft; sie meint, eine 7. und 8. Therapie würde wohl kein wesentlich anderes Bild zeigen. Von daher denke sie eher an eine Bestrahlung (die allerdings Gefahren in sich birgt wegen der umliegenden Organe, die geschädigt werden können) oder an eine Behandlung mit *Mabthera* allein (*Antikörpertherapie*), das auch strahlend eingesetzt werden kann. Näheres werde sie mir in einer Woche sagen können, nachdem sie sich mit Spezialisten des Kantonsspitals Baden darüber beraten habe.

Ich bin nach dem Ergebnis weniger enttäuscht, als vielmehr erschöpft und ratlos – wie werde ich aus dieser Nummer jemals wieder rauskommen? Werden diese hässlichen Tumorherde unausrottbar in meinem Körper verbleiben? Wird die Gefahr eines neuen Lymphoms chronisch in meinem Innern lauern? Zwar schöpfe ich alle Hoffnung aus dem Zugeständnis von *Dr. Streit*, dass ich wahrscheinlich im Herbst das Studium wieder werde aufnehmen können; aber im Moment sind noch zu viele Unbekannte im Spiel, als dass ich auf ein Gelingen setzen dürfte.

Tatsache ist: Ich habe kein Recht darauf, dass mich der frühe Tod verschont – dafür kenne ich leider zur Genüge Beispiele aus meinem Freundes- und Bekanntenkreis. Es wird weiterhin darum gehen, aus der ungemütlichen Situation, im Dunstkreis des Todes, das Beste zu machen. *Carpe diem* …

Die letzte Tranche

Die Medizinmänner und -frauen haben getagt, und am 16.07.08 erfahre ich das Ergebnis dieser Krisensitzung vom Vorabend: Da *Wilson* eben doch noch eine beträchtliche Grösse aufweist, wird man eine 7. und 8. Therapieeinheit anhängen; dies jedoch nur, wenn ein Untersuch beim Herzspezialisten zeigen wird, dass mein Herz dieser erneuten Belastung gewachsen ist – was nicht selbstverständlich ist (die Funktionstüchtigkeit meines Herzens wird zum Glück am 17.07.08 von *Dr. Schindler* in Baden nachgewiesen). Ausserdem soll mein Frauenarzt, *Dr. Locher*, die *Zyste* an meinem Eierstock untersuchen, die *Dr. Meier* negativ aufgefallen ist. Auch dies wird am 17.07.08 prompt erledigt – ein unangenehmer Untersuch. Der Ultraschall wird mittels eines riesigen ‚Dildos' ausgeführt; es fühlt sich für mich an wie eine Auskratzung. Immerhin deucht den Frauenarzt alles normal. Er nimmt anschliessend einen Krebsabstrich vor, über dessen Ergebnis er mich in einigen Wochen ins Bild setzen wird (am 25.07.08 wird bestätigt, dass der Befund *„unverdächtig"* ist).

Nach der Information durch *Dr. Streit* und dem grünen Licht der Fachärzte bin ich wie erlöst – ich könnte pfeifen vor Freude! Man wird alles Menschenmögliche tun, um ein erneutes Ausbrechen meiner Krankheit zu verhindern; das ist beruhigend. Obwohl ich mich nach wie vor wie ein *Grittibänz* fühle, dem man zu viele und zu grosse Rosinen in den Bauch gedrückt hat, ist nicht einmal sicher, ob sich im Moment noch Tumormaterial in meinen Eingeweiden befindet. Um aber auf Nummer sicher zu gehen, wird nach der 8. Therapie eine spezielle Bestrahlung angehängt werden: Zu diesem Zweck werde ich mich für zwei, drei Tage ins Spital Aarau begeben müssen, wo mir ein gezielt strahlendes *Mabthera* verabreicht werden wird. Mit dieser Art von *Antikörpertherapie* hat man vor allem bei kleinen Tumorherden guten Erfolg verbuchen können. Von daher macht es Sinn, *Wilson* noch einmal auf die Pelle zu rücken, auf dass auch er möglichst reduziert wird für die abschliessende Bestrahlung. Wenn alles optimal läuft, wäre ich Mitte September wieder fit für die Uni – ein Gedanke, so köstlich wie eine reife Himbeere …

Dr. Streit hat den oben beschriebenen dichten Zeitplan verordnet, um am nächsten Tag, Freitag 18.07.08, einen Therapieversuch zu wagen (obwohl die Blutwerte miserabel sind). Und siehe: Wieder hat meine innere Freude einen Ausschlag in der Kurve verursacht – mit nur 0,08 ‚Spazig' bezüglich des *Granulos* kann die Therapie gestartet werden. Die zweitletzte, wie wunderbar! Bereits am nächsten Tag beorgele ich einen Gottesdienst …
Alles klappt sehr gut; nur an den Abenden wird mir jeweils etwas übel (*Temesta* schafft Abhilfe). Doch ich erlebe viel wohltuende Ablenkung durch Telephonate, Briefe, Fleurop-Blumensträusse, Begegnungen. Das Leben ist schön – und ich freue mich unbeschreiblich auf meinen 40. Geburtstag am 28.07.08.

Um die Blutwerte etwas aus dem Keller zu holen, verordnet *Dr. Streit* nochmals eine *Neupogen*-Spritzenkur, verabreicht durch die bereits bekannten *Spitex*-Schwestern (vom Dienstag 22.07. bis Sonntag 27.07.08). Eigentlich müsste ich genau an meinem Geburtstag in die Praxis, um die Blutwerte zu kontrollieren; doch ich kläre *Dr. Streit* mit Hundeblick über diesen für mich so besonderen Tag auf, den ich im engsten Freundeskreis in Gstaad verbringen möchte. Und sofort lenkt sie ein: *„Das müssen wir möglich machen."* Ich hätte sie umarmen können!

Die Spritzen ertrage ich vorerst gut, abgesehen von etwas Frösteln. Übrigens hat mir die Praxishilfe, *Frau Hochrieser*, erklärt, weshalb es zu starken Rückenschmerzen kommen kann (wie ich es bei der ersten Kur erlebt hatte): Das Rückenmark wird durch die gespritzte Substanz zusammengepresst, auf dass Zellen ausgestossen werden – ob sie nun reif sind oder nicht. Mal schauen, ob ich das diesmal auch wieder mitbekomme …

Doch erst einmal wird gefeiert – mit meinen Liebsten begehe ich meinen runden Geburtstag in Gstaad, respektive an einem Bergseeli auf 1700 m, oberhalb des *Col du Pillon*, von wo aus wir an den *Arnensee* weiterwandern. Unterwegs überrascht uns ein Gewitter, ich empfinde das aber als romantisch. Weil noch mehr Regen angesagt ist, müssen wir eine Programmänderung vornehmen; das Wandern auf nassen Pfaden scheint uns zu gefährlich. Und so fahren wir am folgenden Tag mit der *Golden-Pass*-Linie nach Montreux, besteigen dort das Schiff nach Lausanne und verbringen so abermals einen ganz und gar ungetrübten Tag. Ich bin völlig im Glück – habe ich doch meinen Vierzigsten trotz der Krankheit genau so feiern können, wie ich es mir (eine Woche vor der hässlichen Diagnose!) ausgemalt hatte.

Frischgebacken 40-jährig

Schon am nächsten Morgen wird wieder ein anderes Kapitel aufge-schlagen: Orientierungsgespräch im Spital von Aarau. *Dr. Jungi* (im Haus 40) nimmt sich reichlich Zeit; es ist angenehm, durch ihn über die geplante *Zevalin*-Behandlung ins Bild gesetzt zu werden. Von ihm erfahre ich, dass es diese sog. *Radioimmuntherapie* erst seit 2004 gibt (so jedenfalls in Aarau). Eine herkömmliche Bestrahlung – von aussen – wäre in meinem Falle zu gefährlich; zu viel Gewebe würde zerstört. Deshalb beginnt die *nuklearmedizinische* Behandlung mit ei-ner *Antikörpertherapie*; der Antikörper bringt die radioaktive Substanz wie ein Taxi zu den Tumorherden – auch zu jenen, die auf den CTs gar nicht sichtbar waren. Das radioaktive Material wird in Frankreich extra für mich aufbereitet, in die Schweiz geflogen und nach einem strengen Zeitplan (ambulant) verabreicht. Dank dieser Therapie kann ein Rückfall bei *follikulären Lymphomen* durchschnittlich um zwei Jah-re hinausgezögert werden. Statistisches Material kann mir *Dr. Jungi* aufgrund der Neuartigkeit dieser Behandlung leider nicht vorweisen. Am selben Tag habe ich einen Termin bei meiner Onkologin *Dr. Streit*. Sie macht mich darauf aufmerksam, dass diese Behandlung ungefähr *30'000* Franken kosten wird – und nicht von allen Krankenkassen be-zahlt werde. Ich solle mir aber keine Sorgen machen; notfalls würde die Herstellerfirma selber mit der Krankenkasse verhandeln. Sie als Ärztin müsse jedenfalls ein Gesuch an die Krankenkasse stellen, auf dass die *Zevalin*-Behandlung übernommen werde.

Da meine Blutwerte bereits wieder sehr tief sind, erhalte ich zwei weitere *Neupogen*-Spritzen. Und dann wird endlich wahr, worauf wir lange gewartet haben: Vom 2.–7. August liegen sechs medizinisch un-belastete Tage vor uns, die *Peter* und ich in Davos verbringen. Es ist eine kostbare, herrliche Woche. Anfangs habe ich zwar Mühe beim Wandern; die Beine schmerzen nach kurzer Zeit, als wäre ich schon stundenlang unterwegs. Am letzten Tag aber wagen wir die ‚Königs-Etappe': Von der Mittelstation der *Parsenn*-Bahn aus wandern wir über den *Panoramaweg* (an sich nichts für Leute wie mich, die nicht schwindelfrei sind …) zum *Strelapass* auf 2352 m, den wir Richtung Langwies überqueren. In Sapün geniessen wir – auf diesem insgesamt 4½-stündigen Marsch – eine Portion *Pommes* und ein *Erdinger Weissbier*. Dankbar werde ich gewahr, dass mein Wunschdenken vom 04.04.08 ein Stück weit Realität geworden ist! Der 1000-metrige-Abstieg ist zwar streng, aber das Gefühl, etwas Grosses erreicht zu haben, beflügelt meine Beine. Die Praxishilfe, *Frau Hochrieser*, die in Klosters/Davos aufgewachsen ist, meint jedenfalls, während einer Chemo den *Strelapass* zu bewältigen, das sei schon 'was …

Am nächsten Tag, Freitag 08.08.08, findet meine 8. und somit letzte Therapie statt – und ich ertrage sie besser als alle bisherigen; es hat sich bewährt, am Morgen unmittelbar vor der Therapie ein *Primpéran* gegen die Übelkeit zu schlucken (die ersten Male war mir nämlich jeweils schon übel geworden vom Medikamenten-Mix, den ich vor der Therapie einzunehmen hatte, sowie vom Desinfiziermittel vor dem Anstechen des *Ports* und dem danach verabreichten Betäubungsmittel). Weil ich mich bereits sehr selbständig in der Praxis bewege, aktiv mitdenke beim Prozedere und auf allfällige kleine Versäumnisse hinweise, macht mir *Dr. Streit* ein Kompliment: *„Sie können bald schon als Assistentin bei mir arbeiten."*
Am Wochenende beorgele ich bereits wieder die Gottesdienste (wie schon nach der 7. Therapie); in der Praxis staunen sie darob.

Am selben Tag fällt mein Blick auf ein Formular des Aarauer Spitals, das ich unterschreiben muss (hohe Kosten bedeuten viel Bürokratie). Darauf ist meine Krankheit unter *„Follikuläres Lymphom"* vermerkt – unter jenem Begriff, der mir bereits im Gespräch mit *Dr. Jungi* aufgefallen ist. Beim Nachschlagen in der Fachliteratur bestätigt sich mein Verdacht: Man zählt meinen Tumor-Typus offenbar nicht mehr zu den *hochaggressiven* (aber heilbaren) Lymphomen, sondern zu den sog. *indolenten* Lymphomen, bei denen es keine Heilung gibt – die man im besten Fall nur in Schach halten kann. Rückfälle sind in dieser Kategorie praktisch vorprogrammiert.

Das ist ein völlig neuer Gedanke für mich, der mich zunächst erschüttert. So hatte ich die ganze Zeit über auf falsche Hoffnungen gesetzt? Gilt die anfängliche Einschätzung von *Dr. Streit* gar nicht mehr, wonach ich eine 50:50-Heilungs-Chance habe? Am nächsten Mittwoch werde ich sie mit dieser Frage löchern – ich will wissen, woran ich bin! Ich fühle mich ähnlich wie vor vielen, vielen Jahren im Zusammenhang mit Physikprüfungen: So oft hatte ich nach verbissenem und verzweifeltem Rechnen realisieren müssen, dass ich die Aufgabe nicht genau gelesen und deshalb das Gegebene falsch in die Formel eingesetzt hatte …

Jedenfalls werde ich mein Leben weiterhin bewusst leben. Es darf nicht passieren, was mir ein Neuenhofer Kirchgänger, Mitte Achtzig, seit kurzem Witwer, letzthin anvertraute: Seine Frau sei ganz unvermittelt gestorben – er habe ihr nicht einmal mehr etwas sagen können. Was hätte er ihr wohl noch sagen wollen? Etwas, wofür die rund 60 Ehejahre nicht gereicht haben? Wir müssen die Zeit nutzen, die uns anvertraut ist …

Kleine Freuden in grossen Zügen

Ich könnte nicht sagen, dass ich bereit sei zum Sterben. Aber ich werde mich mit dem Gedanken auseinandersetzen (gar anfreunden?) müssen, dass es bald wieder ein sog. ‚Sabbatical‘ geben wird – ein Halbjahr, während dem ich ausgebremst und dem Alltag entrissen werde. Kein ermutigender Gedanke im Hinblick auf eine mögliche theologische ‚Karriere‘. Aber eins nach dem andern – wie gehabt.

Heute Mittwoch, 13.08.08, habe ich endlich Gelegenheit, *Dr. Streit* auf die für mich neue Kategorisierung ‚*Follikuläres Lymphom*‘ anzusprechen. Fast scheint mir, sie habe darauf gewartet … Tatsächlich sind sich die Labore in Baden und Basel nie einig geworden, wie denn nun mein Fall genau einzuordnen sei; die Diskussion ging hin und her (deshalb erhielt ich auch immer wieder Laborrechnungen, von denen ich nicht wusste, wie sie zustande gekommen waren). Im Moment geht man davon aus, dass ich eine sehr seltsame und seltene Mischform aufweise zwischen *aggressivem* (heilbarem) und *indolentem* (nicht heilbarem) Lymphom, zwischen *diffus* (ausgefranst) und *follikulär* (Tumorherde). Deshalb nun also das Kreuzchen bei ‚*Follikuläres Lymphom*‘. Die Diagnose ist jedoch nicht fix, sondern befindet sich nach wie vor in der Schwebe … Dadurch verringern sich die Heilungs-Chancen drastisch, respektive das Rückfallrisiko steigt. Allerdings kennt *Dr. Streit* Patienten mit *follikulären Lymphomen*, welche während zehn und mehr Jahren keinen Rückfall hatten. Falls es denn doch zu einem solchen kommen sollte, würde man eine *Hochdosis-Chemotherapie* vornehmen, und eine sog. ‚*Autologe Transplantation*‘ der Stammzellen würde nötig – weil das Knochenmark dabei vollständig zerstört würde. Das tönt nicht schön, aber immerhin hält man weitere Möglichkeiten im Köcher bereit.

Erstaunlicherweise bin ich nach diesem Bescheid nicht sonderlich aufgewühlt. Immerhin habe ich etwas Besonderes ... Nein, im Ernst: Die anfängliche Prognose einer 50:50-Heilungs-Chance finde ich nur unwesentlich verheissungsvoller oder beruhigender als die derzeitige Aussicht. Bis jetzt habe ich körperlich und seelisch alles so hervorragend überstanden, dass ich mich weigere, mir im Voraus Sorgen zu machen. Bis es soweit ist, wird auch die Forschung wieder an einem anderen Punkt stehen.

Die Kosten für die *Zevalin*-Behandlung in Aarau werden übrigens übernommen (von wem genau, weiss *Dr. Streit* nicht – aber es interessiert uns auch nicht sonderlich ...). Und weitere *Neupogen*-Spritzen werden mir bis dahin wahrscheinlich erspart bleiben. Gott sei Dank.

Und eine weitere positive Nachricht: Nachdem mein zweiter Bestrahlungstag anfänglich auf den 19.09.08 anberaumt war – ausgerechnet auf den Tag meiner *Bachelorfeier*! –, ist das Datum nun um einen Tag vorverschoben worden. Meine Intervention hat also genützt; auch *Dr. Jungi* findet, man erhalte ja nicht alle Tage einen Bachelor ...

Die nuklearmedizinische Nachbehandlung

Der strikte Rhythmus während der Therapien hatte etwas Entlastendes: Ich musste mich jeweils nur richtig auf das zu Erwartende einstellen – der Rest war gegeben. Man könnte es vergleichen mit dem Schwimmen in einem Bassin; jede absolvierte Länge entspricht einer Therapieeinheit. Konnte ich bisher also in regelmässigen Abständen anschlagen, so habe ich als Schwimmerin nun das offene Meer vor mir. Diese Umstellung hat mir zunächst etwas Mühe bereitet; Nervosität wollte sich einstellen. Wieder hat es mentale Arbeit bedeutet, Ruhe in mein Denken zu bringen.

Eine weitere Analogie ist mir beim Lesen des *Drachenläufers* von *Khaled Hosseini* aufgegangen. Das Buch ist sehr spannend geschrieben, wiederholt nimmt der Verlauf eine ganz andere Wendung. Und doch kann man während der Lektüre anhand der fest gegebenen Seitenzahl (376 Seiten) abschätzen, was in etwa noch drin liegt an Überraschungen. Wie dick mein ‚Buch' ist, weiss jedoch niemand …

Man hat bereits wieder ein *CT* gemacht (am 29.08.08), um für die folgende Behandlung eine Referenzmessung zu haben. Diese hat ergeben, dass *Wilson* doch noch ein klein wenig geschrumpft ist: Betrug die Fläche vorher etwa 30 cm² (rund 5,5 × 5,5 cm), so sind es nun etwa 23 cm² (rund 5,2 × 4,6 cm). Das bedeutet, dass *Wilson* nach der 6. Therapie durchaus noch Tumormaterial enthalten hat (*Dr. Streit* findet jedenfalls, es sei sicher nicht falsch gewesen, noch zwei Therapieeinheiten anzuhängen). Die Kontrastflüssigkeit, welche ich vorgängig runterspülen muss, habe ich diesmal übrigens ohne grossen Widerwillen schlucken können; ein am Morgen eingenommenes *Primpéran* hat seine Wirkung getan.

Leider habe ich Bekanntschaft mit einer schmerzhaften Folge der Therapien machen müssen: Nachts und am Morgen sind meine Fingergelenke total steif, und jede Beugung der Finger tut enorm weh. Ich kann meine Finger dann nur rechtwinklig zum Handrücken abwinkeln (als Kind habe ich in einem mich faszinierenden Heftchen über Karate gelesen, dass man diese Kampfhaltung *Kranich* nennt …). Voller Sorge habe ich *Dr. Streit* davon berichtet; da sie meine Befürchtungen bezüglich des Orgelspiels nachvollziehen kann, verschreibt sie mir umgehend starke Schmerztabletten und ein alkalisches Präparat (*Alkala*). Dessen Einnahme verursacht zwar Brechreiz (da es geschmacklich zugleich seifig und sauer ist), doch es scheint wenigstens – wenn auch äusserst langsam – zu nützen. Als mir vor dem Gottesdienst ein altes Mütterchen herzlich die Hand drückt, jaule ich beinahe auf vor Schmerz; in meiner Jugend bin ich jeweils diejenige gewesen, die älteren Menschen die Hand zu heftig geschüttelt hat … Lustiger geht es auf meinem Kopf zu und her: Bereits nach der 6. Therapie hatte mein Haarwuchs an einer Stelle des Hinterkopfs eingesetzt. Sogar *Dr. Streit* findet das eine wundersame Erscheinung.

Im Übrigen halte ich mich an den Psalmvers, der mich durch die ganze Krankheit hindurch begleitet hat und den ich in leidvollen und glücklichen Momenten unaufhörlich innerlich gemurmelt habe: „*Mimmisrach schämäsch ad möwoo, möhullal schem haschem*" (Ps 113,3). Zu Deutsch: „*Vom Aufgang der Sonne bis zum Untergang, es sei gelobt der Name des Ewigen.*" Ich liebe den hebräischen Klang dieses Satzes, in dem alle Vokale vorkommen. Und inhaltlich scheint mir alles gesagt – eben vom Aufgang der Sonne bis zu deren Untergang. Der ‚Zauberspruch' wird mich auch nach Aarau begleiten.

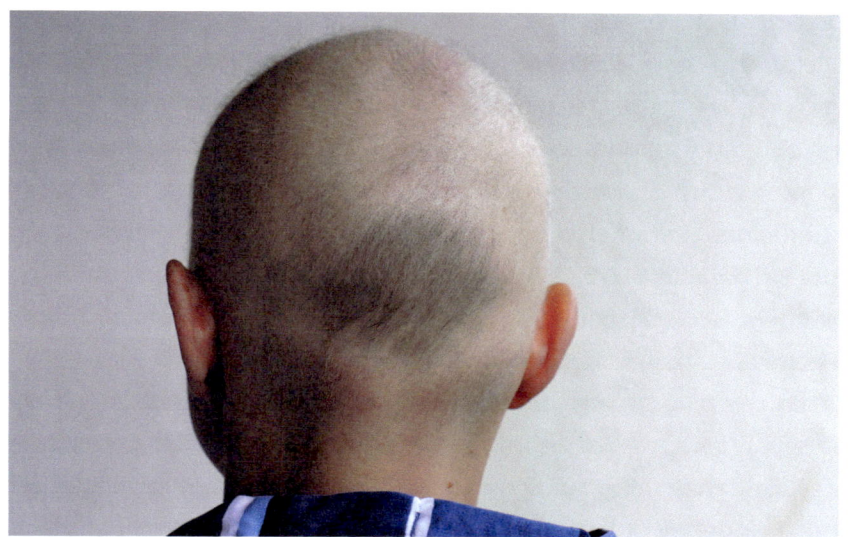

Allem Anfang wohnt ein Zauber inne …

Endlich: Donnerstag, 11.09.08. Um 6:30 machen *Peter* und ich uns auf Richtung Aarau. Zunächst muss ich mich im Labor der Onkologie melden (Haus 40). Das *Granulo* beträgt 2,5 – ein toller Wert für meine Verhältnisse (und das ohne *Neupogen*-Spritzen!). Wiederum zeigt sich, dass sich die Verzögerung im Behandlungs-Ablauf als Glücksfall für meinen Körper erweist; am regulären Datum – drei Wochen nach der 8. Therapie, als meine weissen Blutkörperchen noch im roten Bereich waren – fand in Aarau nämlich ein Wandertag für das Spital-Personal statt.

Nach der Blutentnahme bittet mich der glatzpolierte *Dr. Heizmann* in sein Büro (*Dr. Jungi* weilt in den Ferien). Er klärt mich kurz über die *Zevalin*-Behandlung auf, die eine zeitlich geraffte Alternative zu einer noch einmal zwei Jahre dauernden *Antikörpertherapie* darstellt.

Auch der Bestrahlung mit *Zevalin* geht eine *Antikörpertherapie* voraus; sie wird mir verabreicht von *Frau Neumann*. Diese ist, wie das gesamte Personal in Aarau, äusserst nett. Da wird nicht einfach Dienst nach Vorschrift geleistet, sondern dem Patienten wird mit Respekt und mitmenschlicher Wärme begegnet. Ich empfinde es als Luxus, dass ich für die Therapie in einem richtigen Spitalbett liegen darf – und dass stets lange Schuhlöffel bereitliegen, auf dass man bequem wieder in seine Treter schlüpfen kann. Abgesehen von einer bleiernen Müdigkeit habe ich keine Nebenwirkungen. Der *Port*-Zugang wird provisorisch ‚dicht' gemacht – er wird im Haus 25 (Nuklearmedizin) noch einmal angezapft werden.

Dort werde ich bereits erwartet von *Frau Bopp* und *Frau Gräfe*, sowie von *Dr. Brühlmeier*. Der Arzt legt mir dar, dass der ganze erste Teil der *Radioimmuntherapie* nur in den USA und in der Schweiz gesetzlich vorgeschrieben ist; in Deutschland hingegen würde man mit der

Behandlung unmittelbar an unserem ‚Tag 8' einsetzen. Es geht also zunächst um einen Probelauf: Mit einer *Gamma*-Kamera wird beobachtet werden, ob und wie der Antikörper (*Rituximab*) das strahlende *Zevalin* zu den Lymphom-Zellen transportiert. Doch zuerst muss mir das *Zevalin* über den *Port* verabreicht werden. Das dauert zwar nur etwa 10 Minuten, wird aber von allen drei Personen permanent überwacht. Es kommt – Gott sei's gedankt – zu keinem Zwischenfall, und ich fühle mich nach wie vor gut.

Nun heisst es fast vier Stunden warten; erst dann kann mit den sog. *Verlaufs-Szintigraphien* (mittels der *Gamma*-Kamera) begonnen werden. Zum Glück habe ich ein Picknick in den Rucksack gepackt. Nachdem wir dieses genossen haben, schlafe ich auf einem Parkbänkchen des Spitalgeländes eine halbe Stunde (den Kopf auf *Peters* Schoss). Dieses Nickerchen habe ich seit Stunden herbeigesehnt. Danach gönnen wir uns Cappuccino und Nussgipfel in der Cafeteria des Spitals; dann ist es schliesslich soweit. Die *Szintigraphien* sind ein Honigschlecken verglichen mit anderen Prozeduren: Man braucht für die Aufnahmen nicht nüchtern zu sein, man muss keine eklige Kontrastflüssigkeit zu sich nehmen, und es ist auch keine Infusion für ein Kontrastmittel nötig! Das Gerät (der Marke *Siemens*) erinnert an einen *Computertomographen*; allerdings senkt sich eine Platte (mit der Kamera) sehr dicht auf einen herab. Indem ich die Augen schliesse, vermeide ich ein Gefühl der Enge. Wichtig ist, sich überhaupt nicht zu bewegen; zu diesem Behuf werden meine Füsse mit einem Riemen zusammengebunden. Nun ruckle ich liegend Millimeter für Millimeter unter der Kamera durch. Das High-Tech-Gerät rauscht derart laut, dass ich schon bald einschlafe. Nach ungefähr 25 Minuten ist alles überstanden.

An den Folgetagen (12./13.09.08) werden ebenfalls Aufnahmen mit der *Gamma*-Kamera gemacht. Die Assistentinnen dürfen offenbar nicht gross Auskunft geben; auf mein Nachfragen hin bestätigt man mir immerhin, dass die Bilder zeigen, was man erwartet hat. Daraus entnehme ich, dass sich das *Zevalin* optimal verteilt und den Weg zu den Tumorherden gefunden hat. Mehr lässt sich noch nicht sagen.

Auf dem Heimweg erlebe ich wieder einmal auf intensive Art, wie reich und spannend das Leben ist, wenn man mit wachem Sinn auf Empfang ist: Vom Zug aus erspähe ich einen Fuchs und einen fliegenden Reiher (mein Lieblingstier!), wenig später habe ich Einblick in den Alltag eines Vaters, der mit stinkendem Familienhund und quengelndem, schokoladeverschmiertem ‚Tyrannosaurus rex' unterwegs ist, und schliesslich werde ich an der Kasse im Supermarkt Zeugin, wie ein junger Mann mit Trisomie 21 die zum Kauf feilgebotene Zeitung auf dem Förderband ausbreitet, die Bilder bestaunt und sich von der Kassierin die dazugehörigen Bildlegenden vorlesen lässt – völlig unbeeindruckt von der Schlange, die sich hinter ihm bildet. Herrlich!
Doch auch ich habe nicht dauernd einen Platz an der Sonne. Mir scheint, mein Körper sei durch die Therapien um etwa 10 Jahre gealtert. Es stimmt mich traurig, wenn ich die zahlreichen Hautveränderungen und -verfärbungen an mir beobachte. Am Morgen sind meine Gelenke jeweils so steif, dass ich wie ein ‚*Playmobil*-Figürchen' ins Badezimmer stakse; von den Schmerzen in den Fingern nicht zu reden. Aber: Ich lebe noch. Und dafür bin ich zutiefst dankbar – denn ich lebe fürs Leben gern!

Nächste Woche beginnt das neue Semester – mein 7. Semester, die Eröffnung meines Masterstudiums. Wie habe ich diesen Moment herbeigesehnt! Der Bachelor stand in den vergangenen Monaten für mehr als nur dieses Papier, das ich nächste Woche im Rahmen der Bachelorfeier erhalten werde; er war der Leuchtturm, in dessen Richtung ich auf hoher See in meiner Nussschale gepaddelt bin und den ich nie aus den Augen gelassen habe, vor allem nicht bei widrigem Wellengang und Gegenwind. Ich brauchte ein konkretes Ziel inmitten abstrakter Unsicherheiten. Hoffentlich reicht nun die Kraft fürs Studium; an Motivation mangelt es jedenfalls nicht.

So werde ich ein Stück weit wieder mein ‚normales' Leben aufnehmen. Wobei ich die Krankheit nie als Sonderfall aufgefasst habe; gewisse Fragen stellten sich einfach dringlicher, auf verdichtete Weise. Aber der Anspruch an die Person ist derselbe, ob gesund oder krank. So oder so ist es heilsam, nicht nur um sich selber zu kreisen, sondern den Blick frei zu halten für andere und anderes. Das hat mir während der Krankheit sehr geholfen und mich wohl auch für meine Mitmenschen erträglich gemacht.

Einige wenige haben versucht, mir schmackhaft zu machen, meine Krankheit habe einen Sinn. Doch in diesem Punkt bin ich renitent und resistent – eine Krebsart, die mutmasslich durch Umweltgifte verursacht wird, hat in sich keinen Sinn. Ausser vielleicht, uns die Augen dafür zu öffnen, dass die Umweltverschmutzung wie ein Bumerang auf uns zurückwirkt. Im Übrigen ist Sinn nach meinem Dafürhalten nicht einfach in den Dingen enthalten (wie etwa Vitamin C in einer Kiwi), sondern Sinn entsteht erst durch unsere Handhabung und unser Verhalten. Das Beste aus den eher schwierigen Umständen zu machen, war *die* Herausforderung der vergangenen Monate.

Summa cum laude!

Die ersten zaghaften Schritte

Die ersten Tage in Luzern, die ich doch so fiebrig erwartet habe, fühlen sich seltsam an. Ich ertrage die Menschenmassen, das Gedränge, den Lärm schlecht und vermisse – o Paradoxon – die stille Zweisamkeit mit meiner Krankheit. Wir sind offenbar so vertraut miteinander geworden, dass es mir wie ein Verrat erscheint, mich stundenlang mit einer ganz anderen Materie zu beschäftigen. Es wird wohl etwas Zeit brauchen, bis ich wieder richtig Fuss gefasst haben werde im Leben, wie ich es ‚vor der Zeitenwende' gelebt habe. Geduld, altes Kind …

Das Semester begann aber auch stürmisch – Windstärke 7! Am Dienstag und Mittwoch (16./17.09.08) zum ersten Mal wieder an der Universität Luzern, je mit Tagwache um 5 Uhr, weil der Zug um 6:12 fährt. Dann am Donnerstag die zweite Behandlung mit *Zevalin* in Aarau, wo alles zur allgemeinen Zufriedenheit verlaufen ist. Und schliesslich am Freitagabend die Bachelorfeier, auf die ich mich enorm gefreut hatte – für die ich mich aber im entscheidenden Moment zu erschöpft fühlte. In meinem Kopf herrschte ein Durcheinander; die verschiedenen Welten schienen mir inkompatibel und ich wusste nicht mehr, wo ich eigentlich hingehörte. Irgendwie funktionierte ich aber doch, und der Apéro war richtig nett.

Inzwischen hatte ich Zeit, die Ereignisse, die einander so dicht gefolgt sind, zu verarbeiten. Abgesehen von zeitweise betäubenden Zahnschmerzen (die man mit einer Lackierung des üblen Zahns einzudämmen versucht) geht es mir prächtig. Ich schliesse das Tagebuch hiermit (vorläufig?) ab – voller Gottvertrauen, dass alles gut kommt.

Nachwort

Ich leb und waiss nit, wie lang.
Ich stirb und waiss nit, wann.
Ich far und waiss nit, wohin.
Mich wundert, dass ich froelich bin.

    (Martinus von Biberach zugeschrieben, gest. 1498)